최적의 공부 뇌

최적의 공부뇌

**"뇌를 최적화하면
능력은 10배가 된다!"**

평범한 뇌도 탁월하게 만드는
두뇌 개조 프로젝트

이케가야 유지 지음
하현성 옮김

포레스트북스

"대부분의 사람이 발휘하는 능력은
실제 능력의 100분의 1에 불과하다."

이케가야 유지

제1장

최적의 뇌를 만드는
기억의 정체

1

기억이란
대체 무엇일까?

시험은 도대체 왜 필요할까요? 그 이유는 간단합니다. 기억은 공책에 적은 메모처럼 눈에 보이는 것이 아니기 때문이죠. 선생님은 학생의 겉모습만 보고서는 자신이 가르친 것을 정확히 기억하는지 알 수 없습니다. 그래서 시험을 통해 학생의 기억을 체크합니다.

그런데 만약 시험을 쳤는데 어떤 학생의 점수가 낮다면 어떨까요? "이 학생의 머릿속에는 내가 가르친 것들이 없구나!"라고 판단하겠죠. 그리고 이 학생이 공부를 열심히 하지 않았을 것이라고 생각합니다.

그런데 이 학생은 열심히 시험 준비를 해서 답을 알고는 있었으나 시간이 부족해 쓰지 못했을 수도 있습니다. 또는 계속 기억이 나지 않다가 답안지를 제출한 순간 번뜩 답이 떠올랐을 수도 있죠. 하지만 그런 사정과 상관없이 이 학생은 공부를 하지 않아 답을 전혀 모르던 학생과 똑같은 '0점'을 받습니다. 시험을 잘 보려고 나름대로 열심히 노력했지만 공부를 전혀 하지 않은 학생처럼 무능하고 게으르다는 낙인이 찍히죠. 그때 느끼는 억울함은 말로 다 표현하기 힘들 것입니다.

결국 좋은 점수를 얻기 위한 최선의 조치는, 시험을 보기 전에 어떤 문제가 나올지 예상하고, 답을 빨리 기억해낼 수 있게 준비하는 것입니다.

기억은 뇌에 어떻게 존재할까?

눈에 보이지 않는 기억을 실체화하는, 혹은 지식의 유무를 확인하는 방법은 시험밖에 없을까요? 시험이 아니라 뇌를 촬영해 기억된 지식의 유무를 확인할 수는 없을까요? 더나아가 기억력이나 이해력 같은 뇌의 능력을 좀 더 간단히,

좀 더 확실한 방법으로 확인할 수는 없을까요?

사실 현대 뇌 과학으로 부분적이긴 하지만 확인할 수 있습니다. 두개골 안에 뇌가 있다는 사실은 모두가 잘 압니다. 그리고 기억도 뇌 안 어딘가에 분명히 존재합니다. 기억이 고체나 액체라면 찾기 쉽겠지만, 그렇지 않으므로 의학 연구계도 뇌를 정복해야 할 최후의 요새로 여기고 있습니다.

기억은 어떤 물리적인 모습으로 뇌에 틀림없이 존재합니다. 그렇지 않다면 기억하는 일 자체가 불가능하니까요. '기억했다'라는 것은 뇌에 어떤 정보의 흔적이 있다는 것을 의미합니다. 그러므로 어떤 장치를 뇌에 사용하면 그 정보를 실제로 볼 수 있습니다. 실제로 제 연구실에서는 뇌 정보를 관찰하는 데 성공했습니다. 그리고 시험으로는 측정할 수 없는 기억의 잠재 상태까지 부분적으로 밝혀냈습니다.

기억은 신경회로의 형성이다

뇌 과학은 기억의 실체를 다음과 같이 정의합니다.

신경회로의 동력動力을 수단으로 하여, 시냅스의 중요한 공간에 외부 시공간時空間 정보를 투영함으로써 내부 표현을 획득하는 행위

설명이 너무 어렵죠? 무슨 말인지 도통 모르겠습니다. 알기 쉽게 설명하면, 기억이란 새로운 신경회로의 형성입니다. 그렇다면 신경회로란 무엇일까요? 신경섬유로 연결된 신경세포들의 집합이라고 할 수 있습니다. 한 학설에 의하면 사람의 뇌 속에는 약 1,000억 개의 신경세포가 있다고 합니다. 신경세포들은 저마다 1만 개의 다른 신경세포와 신

경섬유라는 케이블로 연결되어 있는데 그것이 바로 신경회로입니다.

한번 상상해봅시다. 신경회로는 수많은 집(신경세포)이 촘촘한 도로(신경섬유)로 연결되어, 도시(신경회로)를 이루고 있는 모습과 비슷합니다. 도시 주위를 도로가 그물처럼 감싸고 있는 모습처럼, 뇌에도 신경회로라는 그물망이 있습니다. 그 그물망 위를 신경신호가 뛰어다니고, 이 신경신호를 사용하여 뇌는 정보를 처리합니다. 마치 컴퓨터가 전기신호를 사용하여 연산演算을 수행하는 것과 비슷합니다.

뇌와 컴퓨터의 공통점

컴퓨터 이야기를 더 해볼까요? 컴퓨터는 반도체라는 특수한 부품으로 만든 복잡한 회로로 이루어져 있습니다. 정교한 프로그램을 사용하여 이러저러한 이동 순서를 정합니다. 그곳에 전기를 흘려보내면 결과가 나오는 구조입니다.

전기회로 위를 움직이는 데이터는 전하가 '흐를 때'와 '흐르지 않을 때'에 대응해 0과 1이라는 단순한 디지털 신호로 바꾸어 보존되거나 읽힙니다. 덧셈뿐 아니라 다른 어떤 복잡한 계산도, 나아가 음성이나 동영상 따위의 데이터도 0과 1, 다시 말해 전하가 '흐를 때'와 '흐르지 않을 때'에 대응하여 이진법으로 처리됩니다. 뇌의 기억이나 처리 방법도 실은 이와 비슷한 디지털 신호를 사용합니다.

간단하게 설명하기 위해 신경 네트워크 속 신경섬유를 모눈종이와 같은 격자 모양이라고 상상해보죠. 그리고 그 모눈종이에 가득히 그림이나 글씨를 썼다고 가정합시다. 멀리서 보면 그림이나 글자로 보이겠지만, 가까이서 보면 모눈종이의 칠해진 칸과 칠해지지 않은 칸의 두 종류로 나뉠 뿐입니다. 다시 말해 이것 역시 이진법입니다. 바로 이 점이 뇌와 컴퓨터의 구조상 공통점입니다. 게다가 램RAM, Random Access Memory과 하드디스크의 관계는 뇌의 단기기억과 장기기억의 관계와 비슷합니다. 다음 글에서 알아봅시다.

성적을 좌우하는
두 가지 기억

컴퓨터의 하드디스크는 데이터를 장기간 보존하기 위한 장치입니다. 그 장치는 백과사전 수백 권, 아니 수천 권 분량의 정보도 기억할 수 있습니다. 하지만 하드디스크밖에 없는 컴퓨터라면 아무짝에도 쓸모가 없습니다. 정보를 모으기만 해서는 안 되며, 모은 정보를 사용할 수 있어야 컴퓨터로서 역할이 가능합니다.

이를 위해 하드디스크 속의 필요한 정보만을 램에 불러냅니다. 램은 정보의 일시적 보관 장소입니다. 다시 말해 뇌 속의 단기기억과 같습니다. 컴퓨터는 램으로 불러낸 정보만을 이용합니다. 이와 반대로 새로운 정보를 저장할 때도 일단 램을 경유하여 하드디스크에 보존합니다. 간단히 말해 램은 컴퓨터의 기억과 바깥세상을 연결하는 다리 역할을 합니다.

단기 보관 창고, 단기기억

여러분의 뇌 속에서도 이와 비슷한 일이 일어납니다. 다시 말해 단기기억은 장기기억에서 정보를 불러오거나, 장기기억에 정보를 보존하기 위한 일시적인 보관 장소와 같습니다. 실제로 기억을 뇌에 장기간 보존하려면, 대개 단기기억을 거칩니다.

하지만 단기기억은 용량이 작다는 약점이 있습니다. 단기기억으로는 한 번에 많은 양의 정보를 동시에 보존할 수 없습니다. 게다가 그런 정보는 바로 지워지고 잊어버리게 됩니다. 그래서 단기기억이라고 부르죠.

예를 들면, 라면을 먹기 위해 냄비에 물을 끓이던 도중에 친구로부터 전화가 와 즐겁게 대화하다 보면, 뇌 안에서 냄비에 대한 기억이 지워지고 맙니다. 냄비에 대한 기억은 일시적인 기억입니다. 컴퓨터도 같습니다. 문서 작성 도중에

최적의 공부 뇌

하드디스크에 저장하지 않은 채 전원을 끄면, 처음부터 다시 문서를 작성해야 합니다.

따라서 장기기억을 만들기 위해, 어떻게 단기기억을 잘 활용하느냐가 해결의 실마리인 셈이죠. 예를 들면, 보존할 때 이름을 제대로 붙이고 파일에 분류·정리해 두지 않으면 다음에 그 정보가 필요할 때 바로 끄집어낼 수 없습니다. 뇌 속에 정보는 있는데 시험장에만 가면 생각나지 않는 비극이 일어날 수 있죠.

창고에 넣긴 넣었는데 구석에 처박혀 있고, 뒤죽박죽 혼란스러운 상태라면 그곳은 창고보다 쓰레기장이라는 표현이 더 잘 어울릴지 모릅니다. 대충대충 기억하면 여러분의 뇌 속에서도 이와 같은 현상이 일어날 수 있습니다.

이 책에는 먼저 이런 관점에서 지식을 어떻게 효과적으로 흡수할지 살펴볼 것입니다. 그 첫 번째 키워드는 '해마'입니다. 해마를 논하지 않고는 기억에 관해 이야기할 수 없을 정도로 해마는 기억에서 중요한 위치를 차지합니다.

색깔과 의욕의 상관관계

색이 사람의 뇌 기능에 큰 영향을 끼친다는 사실을 알고 있나요? 특히 빨간색은 '좋아! 어려운 문제에 도전해보자!' 하는 열의熱意를 앗아가는 색입니다. 한 색채심리학자는 권투처럼 홍 코너, 청 코너로 나뉜 경기의 양쪽 승률을 조사해 유니폼의 색이 주는 효과를 연구했습니다. 실력이 비슷한 선수들을 대상으로 조사하니 홍 코너의 승률은 62%, 청 코너는 38%였습니다. 빨간색 유니폼을 입은 것만으로 상대보다 1.5배의 확률로 이길 수 있었죠. 경기에서 빨간색을 더 자주 보는 사람은 상대 선수이기 때문입니다. 다시 말해, 빨간색 유니폼이 상대 선수를 정신적으로 압박한 것이죠.

IQ 테스트로 색의 영향을 알아본 실험도 살펴봅시다. 문제지의 겉표지 색만 빨간색, 파란색, 초록색, 검정색 등 여러 색으로 바꾸어 같은 문제를 풀게 했죠. 그러자 놀랍게도 빨간색 표지를 받은 수험자들만 점수가 낮았습니다. 적게는 10%, 많게는 30%나 떨어졌습니다. 표지처럼 눈에 잘 띄는 곳이 아니라 정답 칸이나 문제지 구석 등에 빨간색이 조금만 보여도 결과는 같았습니다. 결과적으로 빨간색이 IQ를 저하시킨 것이죠.

또다른 실험에서는 '간단한 문제'와 '어려운 문제' 두 종류 문제를 준비하여 마음에 드는 것을 골라 문제를 풀게 했습니다. 물론 어느쪽을 선택해도 공정하게 점수에 반영됩니다. 그럼에도 빨간색이 눈에 들어오면 간단한 문제를 택하는 사람이 늘어났습니다.

IQ 저하 역시 이 결과를 통해 설명할 수 있습니다. IQ 테스트는 시간 내에 다 풀 수 없을 정도로 많은 문제를 냅니다. 마지막까지 포기하지 않고 도전해야 좋은 점수를 얻을 수 있는데, 빨간색이 하고자 하는 열의를 앗아가 IQ 테스트 결과에도 영향을 준 것이죠.

실제로 IQ 테스트 고안자 중 한 명인 알프레드 비네는 지능을 이루는 3대 요소를 논리력(수학), 언어력(국어), 열의로 정의했습니다. 마지막 열의는 자칫하면 잊어버리기 쉬운데, IQ 테스트는 그 사람의 열의도 반영하도록 잘 설계된 시험이죠.

그럼 공부할 때는 어떤 색이 도움이 될까요? 유감스럽게도 머리를 좋아지게 하는 색은 아직 발견하지 못했습니다. 저는 공부방에 대자연을 떠올리게 하는 초록색을 많이 사용합니다. 혹은 공부 도중에 기분 전환을 겸해 공원이나 강가를 거니는 등 조금이라도 초록색이 많은 곳에서 간단한 삼림욕을 즐깁니다. 초록색에는 기분을 진정시키고 집중력을 높이는 효과가 있습니다.

3

기억의 중요도를
판단하는 해마

사람의 뇌에는 장기기억과 단기기억이 있다는 사실을 알았습니다. 장기기억의 보관 장소는 대뇌피질입니다. 뇌의 하드디스크, 다시 말해 배운 지식을 보관하는 장소입니다. 뇌의 하드디스크 용량은 아직 정확히 알지 못합니다. 하지만 지금 여러분이 보거나 듣거나 느낀 모든 정보를 세세한 부분까지 모두 대뇌피질에 저장하면, 몇 분 지나지 않아 기능이 마비된다고 말하는 뇌 연구자도 있습니다.

'뭐? 용량이 고작 그것밖에 안 된다고?'라고 생각할 수 있지만, 더 정확하게는 그만큼 많은 정보가 뇌 속으로 계속 들어온다는 뜻이죠. 모든 정보를 전부 기억하는 것 자체가 애초에 불가능하며, 다 받아들인다고 해도 무의미한 일입니다. 컴퓨터처럼 메모리를 증설할 수 있다면 좋겠지만, 뇌에는 그런 장치가 없습니다. 한정된 메모리를 효과적으로 활용하기 위해 뇌는 '필요한 정보'와 '불필요한 정보'를 구분하고, 마치 재판관처럼 정보의 가치에 따라 판결을 내립니다. 그 결과, 필요한 정보라고 판단된 정보만 대뇌피질로 보내지고 그곳에서 장기 보관됩니다.

그럼 그 구분 작업, 다시 말해 정보가 필요한지, 불필요한지 판단하는 문지기는 대체 누구일까요? 바로 뇌의 해마입니다. 해마는 귀 뒤쪽 깊숙한 곳에 있는 뇌의 일부분입니다. 두께 1cm, 길이 5cm 정도로, 새끼손가락을 약간 구부린 듯한 바나나 형태를 하고 있습니다. 뇌의 이 부분을 해마라고 부르게 된 유래에 관해서는 여러 가설이 있지만 아직 정확히 밝혀지지는 않았습니다.

해마라는 이름을 지닌 문지기에게 필요한 정보로 인정받아야 장기기억이 될 자격이 주어집니다. 심사 기간은 짧게는 약 한 달입니다. 이 심사 기준은 상당히 엄격하므로 어지

간한 경우가 아니면 한 번에 합격하지 못합니다.

· 해마와 대뇌피질 ·

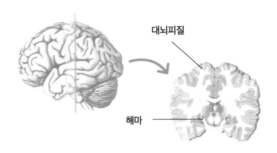

대뇌피질

해마

해마의 심사 조건

그럼 어떤 정보가 해마의 심사를 통과하기 쉬울까요? 내일 시험을 치는 영어단어일까요? 고대 로마 황제의 이름일까요? 아쉽지만 둘 다 아닙니다. 통행 허가의 판단 기준은 놀랍게도 '삶에 꼭 필요한 정보인가?'입니다.

영어단어를 외우지 못해 다급한 사람에게 영어단어는 무엇보다도 필요한 정보겠지만, 해마는 그런 우리의 사정을 봐주지 않습니다. '영어단어 한두 개 못 외워도 생명에 큰 지장은 없다'라고 판단하고 통과시키지 않는 거죠. 단기 보관창고에서 장기기억으로의 복사를 허가하지 않습니다. 여러분이 학교에서 배우는 지식의 대부분은 해마가 '삶에 꼭 필요한 정보인가?'라는 기준에 '아니다'라는 판단을 내릴 정보입니다.

자, 생각해볼까요? '썩은 냄새가 나는 음식을 먹으면 식중독에 걸린다'라든가 '돌이 머리를 향해 날아오면 꼭 피해야 한다' 같은 정보와 '소크라테스는 기원전 399년에 죽었다' 같은 교과서적인 지식, 둘 중 어느 쪽이 삶에 꼭 필요한 정보일까요? 당연히 전자입니다.

사람은 사람이기 이전에 동물입니다. 살기 위한 본능이 다른 어떤 본능보다도 강합니다. 동물에게 '학습'이란 위험한 상태를 극복한 경험으로부터 얻은 정보를 기억하고, 다시는 같은 상황에 부닥치지 않도록 피하며, 환경에 잘 적응하는 행위입니다.

이렇게 해마의 특성을 이해했다면, 이제 해마를 속여서 우리가 외우고자 하는 지식을 통과하게 만드는 방법을 알아봅시다.

최적의 공부 뇌

4

해마를 속여야
오래 기억할 수 있다

해마는 '삶에 꼭 필요한 정보인가?' 하는 기준으로 정보를 버릴지 기억할지 정한다고 했습니다. 그러나 교실에서 배우는 지식은 지금 당장 닥칠지 모르는 위험에서 우리를 구하지 못합니다. 그래서 해마는 우리가 열심히 공부해서 뇌에 넣은 지식을 끊임없이 삭제하는 것이죠.

사람이 소비하는 전체 에너지 중 20%를 뇌가 사용합니다. 뇌는 무게로 따지면 체중의 겨우 2%에 불과합니다. 에너지 효율 측면에서 얼마나 뇌가 대식가인지 가늠할 수 있습니다.

장기기억에 정보를 저장하기 위해서는 에너지를 소비해야 합니다. 그렇기 때문에 불필요한 정보를 뇌에 저장하기 위해 에너지를 사용하는 것은 에너지 낭비입니다. 이런 측면에서 해마는 절약가처럼 보이기도 합니다. 에너지 낭비에 불과한 쓸모없는 정보는 통과시키지 않는 '재정 담당 공무원' 같기도 하죠.

그러므로 여러분이 "왜 이렇게 안 외워지지?"라며 한숨을 쉬어도 어쩔 수 없는 일입니다. 애초에 뇌는 기억하기보다 잊어버리기에 능하기 때문입니다. 그러니 애써 노력해서 외운 지식을 다시 잊어버렸다고 끙끙대며 고민할 필요도 없습니다. 자신의 뇌만 그런 것이 아니라 우리 모두의 뇌는 대개 잘 잊어버리니까요.

하지만 여러분에게는 수업시간에 실수해서 창피했던 경험, 입시에 실패한 경험 등은 식중독으로 고생한 것만큼 중요한 일입니다. 그런데 아쉽게도 해마는 우리의 희망에 따라 유연하게 기준을 바꾸지 않습니다.

그 이유는 해마가 아직 '진화적 미완성' 단계에 있기 때문입니다. 해마가 현재 모습으로 진화한 것은 포유류가 생기

최적의 공부 뇌

고 난 뒤입니다. 길게 어림잡아 2억 5,000만 년 전입니다. 그리고 사람이 고차원적 문화를 발전시키기 시작한 것은 진화의 역사로 말하면 겨우 1만 년 전입니다. 생물이 진화하기 위해서는 수백만 년에서 수억 년이라는 세월이 필요합니다. 따라서 해마가 급속히 발전한 인간 문명에 걸맞은 진화를 이루기에는 아직 역사가 너무 짧습니다.

해마를 속여 지식을 대뇌피질로 보내는 법

그럼 진화적 미성숙 단계인 해마가 학교에서 배우는 지식을 '필요한 정보'로 분류하게 하려면 어떻게 해야 할까요? 아마도 여러분이 가장 궁금해할 질문입니다. 그 방법은 한 가지밖에 없습니다. 해마를 속이는 것입니다. 하지만 해마에게 뇌물을 줄 수도, 울면서 매달리며 마음을 흔들 수도 없는 노릇입니다.

해마가 지식을 필요한 정보로 인식하게 만들기 위해서는 가능한 한 열정적으로 꾸준히 성실하게 반복하여 정보를 입력하는 수밖에 없습니다. 그러면 해마는 '이렇게 끈질기게 들어오는 정보는 분명 필요한 정보일 거야!'라고 착각해 결국 대뇌피질에 정보를 통과시킵니다. 학습은 반복훈련이라는 옛말이 뇌 과학에서는 맞는 말인 거죠.

그러므로 공부한 내용을 잊어버렸다고 해서 그때마다 실망하거나 신경 쓰지 마세요. 필요하면 다시 외우면 됩니다. 그렇게 외운 단어를 다시 잊어버린다 해도 포기하지 말고 다시 외워야 합니다. 이렇게 몇 번이고 반복해서 외우면 뇌는 그 지식을 장기기억에 옮겨 놓을 것입니다. 하지만 그렇게 고생해서 겨우 내 것으로 만든 지식을 또 잊어버리면, 어떻게 해야 할까요? 몇 번이나 노력해 겨우 외웠는데 말이죠.

답은 같습니다. 다시 외우는 수밖에 없습니다. 이것만은 어쩔 수 없습니다. 뇌는 가능한 한 빨리, 많은 정보를 잊어버리도록 설계돼 있기 때문입니다. 다시 말해 성적이 좋은 사람은 계속 잊어버려도 포기하지 않고 해마에 반복하여 정보를 집어넣는 노력가인 셈입니다.

망각은 우리를 위한 일이다

이 책을 읽으면 쉽게 성적을 올릴 수 있을 것이라 기대했던 사람들에게는 실망스러운 결론일지도 모릅니다. 시험 때문에 고통스러웠던 학생들 중에는 "왜 뇌는 컴퓨터처럼 한 번 입력한 정보를 영구히 저장하지 않을까?" 하며 억울해하는 사람도 있을 것입니다.

하지만 정말 한 번 본 모든 것을 반영구적으로 기억할 수 있다면 어떨까요? 이전에 기억력이 매우 뛰어난 한 환자가 있었습니다. 그는 아침에 일어나서 잠자리에 들기까지 모든 일, 거리에서 마주친 모르는 사람들의 얼굴, 도로에 방치돼 있던 자전거까지 잊지 못했습니다.

게다가 그가 밤에 잠자리에 들면, 낮에 본 풍경이 차례로 머릿속에 떠올랐습니다. 망각 없는 기억력을 가진 그는 차례로 나타나는 시각상視覺像 때문에 제대로 생각도 할 수 없었고, 결국 현실과 상상의 경계를 잃어 환각상태에 빠지고 말았습니다. 그는 끝내 필사적으로 기억을 지우려고 발버둥치다 노이로제에 걸리고 말았죠.

어떤가요? 쉽게 잊어버릴 수 있는 우리는 얼마나 행복한 사람들인가요. 우리 생각에는 부러울 수도 있겠지만 비정상적으로 뛰어난 기억력은 실제 생활에 매우 불편하게 작용합니다. 우리가 좋든 싫든 관계없이 뇌는 잊어버리도록 설계되어 있습니다. 대단한 일이 아니면 기억하지 않도록 신중하게 설계된 뇌에 감사해야만 합니다. 하지만 꼭 기억해야만 시험에 붙을 수 있는 상황이라면, 해결책은 단 하나입니다. 앞서 말했듯 계속 복습해 뇌를 속이는 것이죠. 이것이 바로 대원칙입니다.

그러므로 지금부터 저는 여러분에게 어떻게 하면 능숙하게 반복훈련을 할 수 있는지 알려드릴 것입니다. '뇌를 속이는' 수밖에 없다고 단언하긴 했지만 사실 요령이 있습니다. 그 요령이야말로 시험에서 높은 점수를 받는 공부법의 비결입니다. 그 요령을 습득하고, 해마를 잘 속이는 '사기꾼'을 세간에서는 '머리 좋은 사람'이라고 부릅니다.

그래서 이 책에서는 우선 뇌의 원리를 설명하면서 조금씩 그 요령을 전수하고자 합니다. 자, 마음의 준비가 되었나요? 기억의 생리학부터 시작하겠습니다.

어떤 과목을 선택 과목으로 골라야 할까요?

저는 지금 어떤 과목을 선택 과목으로 고를지 고민 중입니다. 처음에는 고1 때 배운 생명과학을 고르려고 했습니다. 그래도 공부했던 과목이니 대충이라도 내용을 파악하고 있어 유리할 것 같았어요. 그리고 중간·기말고사 때에는 벼락치기를 하긴 했지만 대체로 좋은 점수를 받았거든요.

그런데 고3이 되어 모의고사를 봤는데 점수가 매우 낮았습니다. 외래어로 된 생물 용어들은 '이런 걸 배운 적이 있었나?' 싶을 정도로 전부 다 잊어버려 생각이 안 나더라고요. 그래서 차라리 고2 때 배운 화학이나, 고3 때 배운 물리라면 잊어버리기 전에 시험을 칠 수 있을 것 같더라고요.

고1 중간·기말시험 문제를 보관해 두었다가 가끔 복습했으면 좋았을 텐데 후회가 됩니다. 그래도 2년 전에 배운 것이니 어느 정도는 기억하고 있을 줄 알았는데, 지금 흔적도 없이 기억이 다 사라져버렸네요.

– 고3 학생

공부 시기보다 공부 방식이 중요합니다

인간의 기억은 (시험 지식의 경우는 특히) 시간이 지나면 당연히 사라집니다. 하지만 뇌 과학적 측면에서 보면, 한번 제대로 기억한 정보(즉 대뇌피질에 기록된 장기기억)라면 무의식중에 지금까지도 보관하고 있을 것입니다. 그러므로 지금부터 공부하면 전보다 훨씬 수월하게 공부하며, 쉽게 습득할 수 있습니다. 다시 말해, 1학년 때 이수한 과목보다 3학년 때 배운 과목이 시험에 유리하다고 단언할 수 없습니다.

1학년 때 그 과목을 얼마나 제대로 몰입하여 자신의 것으로 만들었느냐가 더 중요합니다. '대충이라도 내용을 파악하고 있어 유리'하다고 느낀다면 생명과학을 선택하는 편이 좋을 것이며, 벼락치기로밖에 공부하지 않았다면 아마 그 지식은 대뇌피질에 기록되지 않았을 것이므로 최근에 배운 물리를 선택하는 편이 좋겠죠.

중요한 것 하나 더, 뇌는 레미니슨스reminiscence 효과 같은 현상을 일으킵니다. 레미니슨스 효과란 기억한 내용이 기억 직후보다도 시간이 어느 정도 흐른 뒤에 더 명확하게 생각나는 일을 말합니다. 자세한 내용은 제4장을 참조해주세요.

제2장

시험날까지 기억하는
공부 뇌

1

뇌의 망각 속도는
모두 비슷하다

기억이 뇌에 저장된 후에는 어떤 상황에 부딪힐까요? 이 과정을 이해하면 뇌를 잘 속이는 요령을 알기 위한 기초가 마련될 것입니다. 제1장에서 뇌는 가능한 한 기억을 잊어버리도록 설계되어 있다고 설명했습니다. 그래서 먼저 사람의 뇌는 기억을 어떤 속도로 잊어버리는지 단어 암기 실험을 통해 알아봅시다.

이 실험은 독일의 심리학자 헤르만 에빙하우스가 100여 년 전에 했던 유명한 실험입니다. 시험은 간단합니다. 아무 의미 없는 3음절 단어 10개를 외우는 건데요. 여러분도 함께 해봅시다. 이때 두 가지는 꼭 지켜주세요. 첫째, 단어에 새로운 의미를 부여하여 외우지 말고, 단어 그대로를 통째로 외우세요. 둘째, 외운 뒤 시험을 칠 때까지 절대로 복습해서는 안 됩니다. 이 실험은 망각 테스트입니다. 이 약속을 지키지 않으면 망각의 실체를 파악할 수 없습니다. 자, 그럼 외워볼까요?

아거자 / 대히주 / 부카만 / 가오수 / 제인다
채나부 / 단가호 / 리도장 / 소여가 / 만수비

여러분은 지금 외우고 있는 단어 10개를 얼마나 오랫동안 외울 수 있을까요? '난 이런 암기는 정말 약해'라든가 '기억력이 좋은 사람은 분명 편하게 오랫동안 외울 수 있겠지'라고 생각하는 사람도 있을 것입니다.

하지만 시험을 치면 단어를 잊는 속도는 사람마다 큰 차이가 없음을 알 수 있습니다. 누구든지 대개 비슷한 속도로 잊어버립니다. 게다가 망각은 의식을 통해 제어할 수 없습니다. 아무리 간절하게 원해도 언젠가는 잊어버립니다. 반대로 빨리 잊어버리길 원해도 까맣게 잊기까지는 시간이 필요합니다.

이 실험을 통해 얻은, 단어를 잊어버리는 속도를 설명하는 그래프를 망각 곡선이라고 합니다. 일반적인 결과를 다음과 같이 그래프로 표현했습니다.

• 망각 곡선 •

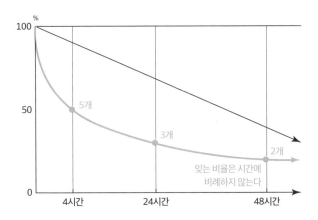

무엇이 보이시나요? 망각 속도는 일정하지 않다는 것, 그리고 기억한 직후에 잊어버리기가 가장 쉽다는 걸 알 수 있습니다. 처음 4시간 동안 단숨에 절반가량을 잊어버립니다. 하지만 그 후에는 남은 기억이 의외로 장기간 유지되며, 조금씩 줄어든다는 것을 곡선 그래프를 통해 알 수 있습니다.

앞서 말한 시험의 평균 성적 역시 그래프에 나타납니다. 4시간이 지나면 암기한 10개 단어 중 5개 정도밖에 기억하지 못하며 그 후에 잊는 속도가 느려져 24시간 후에는 2~3개 정도 기억합니다. 고로, 벼락치기로 공부하는 경우 전날 밤늦게까지 열심히 암기하는 것보다 시험 당일 아침 일찍 일어나 암기하는 것이 시험시간까지 더 많이 기억할 수 있습니다. 망각 곡선에 따르면, 시험 시작 4시간 전이 아니면 절반 이상을 잊어버리기 때문입니다. 하지만 저는 개인적으로 시험 직전에 많은 지식을 억지로 암기하는 방법은 추천하고 싶지 않습니다. 그 이유는 나중에 자세히 설명하겠습니다.

4시간 정도 지난 다음 여러분은 단어를 몇 개나 기억하고 있는지 살펴보세요. 만약 이 망각 곡선보다 좋은 성적이 나왔다면, 단어 그대로를 통째로 외우지 않았거나, 외운 단어가 당신에게 어떤 특별한 의미를 가진 단어였을 가능성이 있습니다. 이 실험은 어디까지나 무의미한 단어에 대한 암기 효과를 보는 실험이기 때문입니다.

반대로 혹시 성적이 좋지 않았다면, 처음부터 제대로 외

최적의 공부 뇌

우지 않았거나, 기억 간섭의 결과라고 하겠습니다. 기억 간섭에 관해서는 앞으로 자세히 설명하겠습니다. 결과가 어떻든 간에, 망각에 개인차는 없다는 사실을 기억해주세요.

묶어야 잘 외워진다

다음 숫자 9개를 외워보세요.

853972641

그리고 30초 뒤에 잘 외우고 있는지 확인해봅시다. 이런 의미 없는 숫자를 통째로 외우기는 숫자에 뜻을 부여하지 않는 한 상당히 어렵습니다. 하지만 전화번호처럼 중간에 하이픈을 넣으면 어떨까요?

853-972-641

이렇게 묶으면 외우기가 훨씬 수월해집니다. 이처럼 대상을 적게 묶으면 기억하기 수월해지는 현상을 '묶음chunk'이라고 합니다. 예를 들면 영어 숙어를 외울 때, 무턱대고 외우는 것은 비효율적입니다. 오히려 'get at, get out, get over, get up'처럼 'get'으로 묶음을 만들거나, 반대로 'get at, arrive at, look at, stay at'처럼 'at'으로 묶음을 만드는 등 분류해 외우는 작업이 중요합니다. 공부에서 지식이나 정보의 정리정돈이 중요한 작업임을 잊지 마세요.

외워보자
853972641

외워보자
853-972-641

2

뇌가 소화할 수 있는
양은 정해져 있다

　　망각 속도는 사람에 따라 다르지 않으며, 의식에 따라 변하지 않는다는 사실을 설명했습니다. 하지만 모든 조건에서 망각 속도는 동일하지 않습니다. 만약 동일하다면 사람에 따른 기억력 차이가 없어야 하며, 학교 성적도 차이가 나지 않겠죠?

　　그래서 먼저 망각을 촉진하는 경우를 설명하고자 합니다. 어떤 때에 기억을 빨리 잊어버릴까요? 그 점을 이해하면, 여러분의 공부에 큰 도움이 될 것입니다.

　　망각 촉진 효과가 가장 분명한 경우는 새로운 기억을 추가할 때입니다. 다시 말해 지식을 억지로 쑤셔 넣을 때입니다. 예를 들어 여러분이 앞선 실험에서 단어 10개를 외우고 1시간 뒤에 다음 단어 10개를 추가로 집중해서 외워보는 겁니다.

히아자 / 주대거 / 소나만 / 밤가우 / 만커다

모업라 / 도가채 / 차영신 / 인오부 / 수후제

그리고 지금부터 3시간 뒤에 처음 암기한 단어 10개를 떠올려봅시다. 어떤가요? 몇 개나 기억할 수 있나요? 분명 1개나 2개일 것입니다. 다시 말해 필요 이상의 지식을 억지로 암기하려고 하면 암기력이 떨어집니다. 한 번에 외울 수 있는 양에는 한계가 있습니다.

물론 이와 동시에 두 번째에 외운 새로운 단어들의 암기도 방해를 받습니다. 새로 외운 단어 10개를 실제로 4시간 뒤에 떠올려보면 느낄 수 있습니다. 생각나는 단어 수는 5개 이하일 것입니다.

이처럼 새로운 기억과 옛 기억이 서로 영향을 미치는 상호작용을 '기억 간섭'이라고 합니다. 하나하나의 기억은 독립된 개체가 아닙니다. 오히려 서로 연관돼 있으며 영향을 미칩니다. 어떤 때에는 서로 배제하기도 하고, 어떤 때에는 서로 결합하여 조화를 이루기도 합니다.

그러므로 준비가 안 된 채로 많은 지식을 암기하려 하면, 이전의 기억이 지워지거나 기억들이 혼란을 일으켜 아리송한 상태가 되고, 착각을 불러일으킵니다.

만약 문학 수업에서 선생님이 시험을 칠 테니 백인일수(100명이 1수씩 지은 시집)를 내일까지 전부 외우라고 했다고 합시다. 이럴 땐 무리해서 밤을 새워 100개 전부를 암기하려고 노력하는 것보다, 착실하게 30개만 암기하는 것이 더 좋은 점수를 얻는 방법입니다. 조금은 치사한 전략이지만 100개를 무리하여 외우는 것보다 체력이나 정신적으로도 효율적이며, 시간 활용 면에서도 좋습니다. 이런 불합리한 요구를 받은 경우, 밤을 새워 억지로 뇌에 주입하려고 하지 마세요.

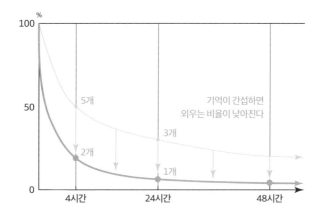

• 기억 간섭으로 빨라진 망각 속도 •

물론 시험 전뿐 아니라 평소에 공부할 때도 마찬가지입니다. 하루에 새로운 지식을 너무 많이 주입하는 행위는 피해야 합니다. 애초에 공부는 복습에 주안점을 두어야 합니다. 외울 수 있는 범위를 스트레스를 받지 않고 외우는 것이 뇌에 최적화된 공부법입니다.

자, 슬슬 이해했으리라고 생각합니다. 공부는 뇌의 특성에 맞는 좋은 방법과 뇌의 특성에 반하는 나쁜 방법이 있습니다. 뇌의 특성을 무시한 무모한 공부는 시간 낭비뿐 아니라 때에 따라 역효과를 낳기도 합니다. 그런 공부라면 차라리 하지 않는 편이 낫습니다.

최적의 공부 뇌

공부한 '시간'이나 공부의 '양' 역시 성적에 중요한 요소이지만 그보다 더 중요한 것은 어떻게 공부했는가 하는 공부의 '질'입니다. 지금까지 뇌의 특성을 이해하지 않은 채로 '나쁜 공부'를 고수해왔다면 이제 바꿔보기를 바랍니다. '이렇게까지 열심히 했는데, 왜 성적이 오르지 않는 걸까?' 하고 생각한 적 있다면, 특히 집중해서 읽으세요. 뇌의 특성을 제대로 응용하여 적은 시간, 적은 양으로 최고의 효과를 끌어낼 '최적의 공부 뇌'를 한번 만들어봅시다.

3

복습의 법칙만 지키면
뇌는 잊지 않는다

망각 곡선 실험을 통해 잘못된 공부법이 어떻게 망각 속도에 영향을 주는지 알아봤습니다. 하지만 망각 곡선이 가르쳐주는 사실은 그것만이 아닙니다. 이번에는 망각 곡선의 기울기를 완화시키는, 다시 말해 외운 것을 잊지 않게 만드는 방법을 생각해봅시다.

앞선 실험에서 여러분은 단어를 10개 외웠습니다. 하지만 모처럼 외운 그 단어도 시간이 흐르면 자연스럽게 잊어버립니다. 분명 언젠가는 10개 모두 잊어버리고 말 것입니다. 그렇다면 그 단어 10개에 대한 기억은 정말 뇌에서 완전히 지워졌을까요?

그렇지 않습니다. 시험 삼아 단어를 완전히 잊어버린 다음에 같은 10개 단어를 다시 외워봅시다. 그리고 다시 한번 시험을 치면 어떨까요? 처음 시험보다 이번 시험에서 더 잘 기억나는 것을 확인할 수 있습니다. 평균적으로 4시간 후에도 6~7개 정도를 외웠을 것입니다. 다시 한번 복습을 반복해봅시다. 두 번 외운 단어를 다시 잊어버렸을 때 한 번 더 같은 단어를 외운다면 더 즉각적인 효과가 일어나 더욱 잊기 어려울 것입니다. 4시간이 지나도 8~9개는 잊어버리지 않습니다.

· 복습 효과 ·

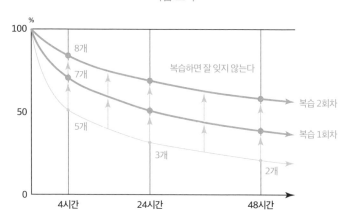

만약 여러분이 친구들과 함께 단어를 외운다고 합시다. 친구는 아무리 열심히 해도 4시간만 지나면 절반을 잊어버릴 테지만, 여러분은 반복 학습만으로 암기 천재로 불릴 수 있습니다. 반복 학습은 마치 기억력이 증강된 것처럼 보이게 합니다.

기억하지 못한다고 아예 지워진 것은 아니다

처음에 암기했던 단어를 전부 잊어버렸기 때문에 여러분은 그 단어가 뇌 속에서 지워졌다고 생각할 것입니다. 그런데 한 번 더 그 단어를 복습하며 외우니 첫 번째 시험보다 성적이 좋았다는 게 이상하지 않은가요?

사실 그 단어들은 뇌에서 완전히 지워지지 않기 때문입니다. 하지만 우리는 기억하지 못해 잊어버렸다고 느끼는 것뿐입니다. 실제로 단어들은 무의식의 세계에 제대로 보존되어 있었습니다. 하지만 그것은 어디까지나 잠재 흔적이라서 기억하지 못하는 것이죠.

반복 학습을 하면 이처럼 무의식의 흔적이 모르는 사이에 암기를 도와 성적을 올립니다. 이 사실을 통해 공부에서 반

최적의 공부 뇌

복 학습, 즉 복습이 얼마나 중요한지를 알게 되었습니다. 복습을 하면 잊어버리는 속도를 늦출 수 있습니다.

4

복습의 법칙 ①
한 달 안에 복습하라

　여러분은 이제 복습의 중요성을 알게 되었습니다. 하지만 복습도 아무 전략 없이 무작정 열심히 해서는 좋은 성적을 얻을 수 없습니다. 그래서 가장 효율적인 복습의 법칙 3가지를 설명하고자 합니다.

　첫 번째 규칙은 복습의 타이밍에 대한 것입니다. 복습은 어느 정도 간격을 두고 해야 효과가 좋을까요? 앞서 암기 시험을 통해 알 수 있었던 것처럼, 두 번째 학습까지 한 달 이상 간격을 두면 기억은 그다지 발전하지 않습니다. 다시 말해 잠재적 기억의 보존 기간은 한 달이라고 볼 수 있습니다.

한 달 이내에 복습하지 않으면 잠재적 기억도 효과를 발휘하지 못합니다.

기억의 유통기한 늘이기

잠재적 기억에는 왜 유통기한이 있을까요? 해마가 그 답의 실마리를 제공합니다. 해마는 뇌에 들어온 정보를 제거할지, 그냥 둘지 결정한다고 앞서 설명했습니다. 해마에 정보가 머무는 기간은 정보의 종류에 따라 다르지만, 짧으면 한 달 정도입니다. 해마는 정보를 한 달 동안 정리하면서 무엇이 정말 필요한 정보인지 판단합니다.

그러므로 한 달 이상 지나, 이미 해마가 정보를 제거한 후에 복습하면, 해마가 처음 배울 때와 똑같이 정보를 받아들입니다. 이와 반대로 한 달 이내에 몇 번씩 복습하면, 해마는 '겨우 한 달 사이에 이렇게나 또 들어오다니, 이 정보는 분명 중요한 정보임이 틀림없어!' 하고 착각을 하죠.

물론 복습을 할 때 해마에 더 많은 정보를 보내면 해마를 쉽게 착각하게 만들 수 있습니다. 처음 공부했을 때처럼 눈으로만 읽고 넘어가는 것이 아니라, 손으로 옮겨 적고, 소리를 내어 읽는 등의 노력을 통해 가능한 한 오감五感을 자극하는 것입니다. 이렇게 눈, 귀, 손 등의 오감을 통한 정보는 모두 해마를 자극하는 데 효과적입니다.

가장 효율적인 복습 계획

해마의 특성을 고려하였을 때, 다음과 같은 복습 계획을 제안합니다.

복습 1회차	학습한 다음 날
복습 2회차	복습 1회차 1주일 뒤에
복습 3회차	복습 2회차 2주일 뒤에
복습 4회차	복습 3회차 1개월 뒤에

이렇게 총 4회의 복습을 조금씩 간격을 넓히면서 두 달 동안 실천합니다. 이렇게 반복하면 해마는 그 정보를 필요한 기억이라 판단합니다.

최적의 공부 뇌

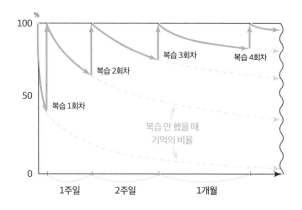

• 복습 타이밍에 따른 기억의 비율 •

하지만 이 이상 복습을 계속할 필요는 없습니다. 근육 트레이닝도 마찬가지입니다. 근육을 키우기 위해 아령을 매일 들었다 놓았다 할 필요는 없습니다. 이틀에 한 번 트레이닝하면 매일 하는 것과 같은 효과를 얻을 수 있습니다. 그와 마찬가지로 복습 스케줄을 필요 이상으로 촘촘히 계획하여 노력해도 성과는 나아지지 않습니다. 그러니 불필요한 복습에 시간을 할애하기보다 다른 공부에 시간을 사용하는 편이 좋습니다.

5

복습의 법칙 ②
기억 간섭을 피하라

복습의 두 번째 법칙은 반드시 같은 내용으로 복습하는 것입니다. 복습의 효과는 같은 내용을 반복했을 때 나타납니다. 예를 들면, 앞서 진행한 단어 암기 시험에서 두 번째에 다른 10개의 단어를 암기한다 해도 기억력은 늘지 않을 것입니다. 외우는 내용이 바뀌면 효과를 얻을 수 없습니다. 그뿐 아니라 기억 간섭이 일어나 성적이 떨어질 수도 있습니다. 그러므로 복습은 같은 내용의 학습을 반복해야 한다는 사실을 명심해야 합니다. 그래서 복습이라고 부르는 것입니다.

최적의 공부 뇌

여러분은 공부할 때 교과서 외에도 참고서나 문제집을 사용할 것입니다. 자신에게 딱 맞는 좋은 참고서를 찾기란 정말 힘든 일입니다. 혹시 여러분 중에 조금이라도 좋은 참고서를 찾기 위해, 참고서를 몇 권씩 사서 시험해보는 사람이 있나요? 하지만 저는 참고서 탐색이 좋은 취미라고는 생각지 않습니다.

그 이유는 바로 복습의 효과에 있습니다. 같은 과목이라 하더라도 참고서가 바뀌면, 다시 처음부터 그 참고서를 이해해야만 합니다. 복습 효과는 어디까지 같은 대상에서만 나타나기 때문입니다. 주위 사람이나 책 정보에 현혹되어 참고서를 이것저것 바꾸면, 복습 효과를 눈앞에 두고도 놓치는 것과 다름없습니다.

물론 세상에는 좋은 참고서도 있고 나쁜 참고서도 있습니다. 하지만 여러분이 걱정할 만큼 큰 차이는 없습니다. 왜냐하면 참고서를 집필하는 사람은 어떻게든 여러분에게 도움이 되고자 고심을 거듭하여 책을 쓰기 때문입니다. 그래서 교과서보다 더 나은 참고서가 많은 것도 사실입니다.

참고서를 고르는 방법 중 하나는 첫인상이 좋은 책을 고르는 것입니다. 인터넷으로 구매하기보다 가능하면 서점에 가서 실물을 펼쳐보고 스스로 고르세요. 그리고 한번 결정한 참고서는 도중에 갈아타지 말고 끝까지 사용하세요.

참고서 탐색에 시간이나 돈을 낭비할 여유가 있다 해도, 한번 결정한 참고서를 몇 번이고 복습하는 것이 더 현명하게 시간을 활용하는 방법입니다. 저도 학창시절에 여러 참고서가 아닌 한 권의 참고서만 최소한 4, 5번씩 복습했습니다. 공부는 끈기가 있어야 성공합니다.

6

복습의 법칙 ③
입력보다 출력이 중요하다

복습의 세 번째 법칙은 뇌의 출력에 관한 것입니다. 뇌는 입력보다 출력을 중요시합니다. 이를 확인하기 위해 다음 실험을 살펴봅시다. 어떤 암기법이 효과적인지 겨루기 위한 실험으로, 네 그룹을 나누어 각각 다른 암기법을 사용해 스와힐리어 단어 40개를 외우게 했습니다.

우선은 모든 그룹이 40개의 단어를 외운 뒤, 곧바로 시험을 쳤습니다. 당연히 모르는 단어이니 한 번에 40개나 외우는 것은 불가능합니다. 이 시험에서 만점자는 없었습니다. 중요한 것은 지금부터입니다.

네 그룹은 다음과 같이 학습하고 시험을 쳤습니다.

	다시 외우는 단어	시험 보는 단어
1그룹	모든 단어	모든 단어
2그룹	틀린 단어만	모든 단어
3그룹	모든 단어	틀린 단어만
4그룹	틀린 단어만	틀린 단어만

〈1그룹〉은 만점을 받지 못하면 다시 40개를 처음부터 끝까지 복습하고 다시 시험을 쳤습니다. 그래도 만점을 받지 못하면, 다시 40개를 보고 또 시험을 쳤습니다. 이렇게 해서 만점을 받을 때까지 '학습 - 확인 시험' 과정을 반복합니다.

〈2그룹〉은 모든 문제를 복습하는 것은 번거로우니 시험에서 '틀린 문제'만 복습하고 시험을 쳤습니다. 또 틀린 문제가 있으면, 틀린 문제만 다시 복습하고 시험을 다시 쳤습니다. 만점이 나올 때까지 반복합니다.

〈3그룹〉은 〈2그룹〉의 반대로 복습은 40개 단어 전부 제대로 하고 틀린 문제만 시험을 쳤습니다. 또 틀린 문제가 나오면 다시 처음부터 복습하고, 방금 틀린 문제만 다시 시험

최적의 공부 뇌

을 쳤습니다. 이렇게 모든 문제를 맞힐 때까지 반복합니다.

마지막 〈4그룹〉은 가장 일반적인 방법입니다. 학교나 학원에서 이 방법을 사용하는 곳이 많습니다. 요컨대 틀린 문제만 복습하고 틀린 문제만 재시험을 봅니다. 그리고 모든 문제를 맞힐 때까지 반복합니다.

자, 이 네 그룹에서 가장 빨리 외운 집단은 과연 어디일까요? 놀랍게도 모든 집단 사이의 차이는 없었습니다. 다 외우기까지 걸린 반복시험의 횟수도 같았습니다. 그런데 중요한 건 일주일 뒤입니다. 일주일 뒤 다시 시험을 보니, 의외로 큰 점수 차이가 발생했습니다. 어떤 결과가 나왔을까요?

〈1그룹〉과 〈2그룹〉은 약 80점, 〈3그룹〉과 〈4그룹〉은 겨우 35점밖에 받지 못했습니다. 두 배 이상의 점수 차이가 났죠. 도대체 왜 그럴까요?

뇌는 출력 의존형이다

성적이 좋았던 〈1그룹〉과 〈2그룹〉의 공통점에 주목해볼까요? 〈1그룹〉과 〈2그룹〉은 다른 그룹과 다르게 시험을 칠 때 40문제를 모두 되풀이했습니다. 〈3그룹〉의 경우 복습은 모든 단어를 다 했지만, 시험은 틀린 문제만 대상으로 했습니다.

이 실험의 결과는 출력을 더 중요시하는 뇌의 본질을 보여줍니다. 뇌에는 입력과 출력이 있습니다. 단어를 깊이 새기며 외우는 행위는 입력에 해당합니다. 그리고 모아둔 정보를 근거로 문제를 푸는 행위는 출력에 해당합니다. 즉, 더잘 기억하기 위해서는 출력(시험)을 열심히 하는 편이 좋다는 것입니다.

물론 정보의 입력과 출력은 둘 다 중요합니다. 입력 없는 출력은 불가능하기 때문입니다. 하지만 뇌는 압도적으로 출력을 더 중요시합니다. 뇌는 '출력 의존형'입니다. 이 사실을 뇌의 입장이 되어 다시 생각합시다. 뇌는 매일 온갖 정보를 받지만, 그 모든 정보를 다 기억하지 못합니다. 기억해야 할 정보를 선택해야만 합니다. 그러면 뇌는 어떤 기준으로 기억해야 할 지식과 불필요한 지식을 판단할까요?

지금까지 계속 역설한 것처럼 복습 횟수가 기준입니다. 하지만 이것은 계속 뇌에 정보를 집어넣으라는 뜻이 아닙니다. 해마가 '이렇게 반복적으로 같은 정보가 단기간에 들어

최적의 공부 뇌

오다니, 그만큼 반드시 중요한 정보니까 외우자'라고 착각하게 만드는 것입니다.

하지만 스와힐리어 암기 실험을 통해, 이런 생각만으로는 불충분하다는 사실을 깨닫습니다. 중요한 것은 출력입니다. 해마의 입장에서 '이 정보는 이렇게나 사용할 기회가 많구나. 그럼 꼭 외워야 하겠다'라고 판단하게끔 만들어야 합니다. 그러므로 주입식 공부법보다 지식을 활용하는 공부법이 더 효율적이라고 할 수 있습니다. 즉, 교과서나 참고서를 계속 복습하는 것보다, 문제집을 계속 풀면서 복습하는 것이 효과적인 공부법입니다.

영어단어 이렇게 외우니 쉬워요

제 영어단어 암기법을 소개하겠습니다. 일단 서점에서 영어단어장을 훌훌 넘겨보면서 제가 모르는 단어만 나오는 책은 피합니다. 끝까지 다 해낼 자신이 없기 때문입니다. 그래서 저는 절반 이상 아는 단어가 나오는 책을 고릅니다. 그리고 제목이 큰 글씨로 쓰여 있어서 한눈에 잘 보이는 디자인을 선호합니다. 워낙 싫증을 잘 내는 성격이며, 전형적인 '작심삼일' 유형이기에 단어집 측면 절단면 중앙에 책을 덮어도 보이도록 빨간 선을 그으며 마음을 다잡기도 합니다.

단어는 하루에 두 쪽씩만 외웠고, 단어집 왼쪽 위 여백에 외울 날짜를 미리 적어둔 다음 다 외우면 날짜에 동그라미를 쳤습니다. 새롭게 외울 단어는 잠자리에 들기 전에만 외웠습니다. 그리고 밤에 외운 새 단어를 등굣길과 하굣길에 한 번씩, 통학 버스 안에서 체크했습니다. 하루에 총 3번 단어 암기를 하는 거죠.

저는 이 방식을 고1 1학기에 시작하여 여름방학이 시작되기 직전에 끝내고, 여름방학 동안에는 부록 CD를 사용하여 모든 내용을 복습했습니다. 2학기가 시작되자, 수업 중에 읽는 영어 문장의 95%가 아는 단어였습니다. 물론 복잡한 구문이 나오면 막혔지만, 알고 있는 단어만으로도 대략적인 내용을 알 수 있었습니다. 사전 없이도 뜻을 아니까 빨리 읽을 수 있었어요. 그렇게 영어가 자신 있는 과목으로 변했습니다.

– 고2 학생

뇌의 특성을 잘 활용한 암기법이네요

굉장히 효율적인 암기법이라 말하고 싶어요. 학생의 방법에는 의욕을 지속시키기 위한 좋은 장치가 보입니다. 단어장뿐 아니라 일반 참고서를 고를 때에도 첫인상이 중요합니다. 책장을 훌훌 넘겨봐서 자신과 잘 맞을 것 같은 책을 고르세요. 자신과 잘 맞는 참고서를 사용하면, 공부 의욕을 지속시킬 수 있습니다.

목표를 너무 높게 설정하지 않은 점도 마음에 듭니다. 우리는 "꿈은 크게 그려야 합니다"라는 말을 자주 듣지만, 매일의 공부 목표는 절대 그렇게 잡아서는 안 됩니다. 목표에 도달했을 때의 성취감은 뇌의 A10 신경이라고 불리는 장소를 적당히 자극합니다. 작게 반복되는 성취감은 의욕을 장기적으로 고양시킵니다.

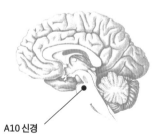

A10 신경

그러므로 하루 두 쪽이라는 적당한 공부량은 적절한 계획입니다. 또한 실행했을 때 동그라미를 치는 것도 좋은 습관입니다. 자신이 해야 할 일과 해온 일을 명확히 표시하면, 의욕을 지속시키는 데 유리합니다.

학생이 알려준 방법에서 가장 대단하다고 생각한 부분은 등하교 자투리 시간을 이용한 복습입니다. 복습은 공부의 중요한 철칙입니다. 그럼에도 많은 학생이 "친구랑 놀고 싶기도 하고, 동아리 활동도 하고 싶으니까", "꼭 해야 할 다른 공부가 있어서"라는 이유로 복습의 우선순위를 낮게 둡니다.

하지만 이 학생처럼 약간의 생각과 아이디어만 있다면 공부 시간을 얼마든지 만들 수 있습니다. 공부는 복습을 더 중요시해야 한다고 생각을 바꾸기 바랍니다. 저는 예습, 학습, 복습의 비율은 ¼ : 1 : 4 정도가 적당하다고 제안합니다.

수학 대신 추리를 배우면 좋겠어요

아버지에게 간단한 복소수 문제를 물어보려고 했는데 하나도 모른다고 하셨어요. 어머니에게도 이차방정식 풀이를 물어보았는데 모르시더군요. 그뿐만 아니라 "덧셈이랑 뺄셈만 할 줄 알면 돼. 나눗셈은 학교를 졸업한 후로 해본 적도 없어"라며 정색하셨습니다.

실제로 어른들 절반 이상의 수학 수준이 부모님 정도라고 생각합니다. 선생님께 물어보니 수학 지식 그대로를 기억하는 것보다, 수학을 공부하면서 논리적 사고력이 커지기 때문에 정규과정에 포함된 것이라 답하셨습니다.

그러고 보니 형이 사용하던 공무원 시험 문제집에 추리推理 문제가 있었습니다. 수학 문제는 전부 기본적인 문제들뿐이었습니다만, 이 추리 문제는 쉽게 풀 수 없었습니다. 이럴 바에는 수학 따위는 집어치우고 추리를 학교에서 배우면 어떨까요? 수학을 싫어하는 사람이라도 논리적 사고력 정도는 다른 과목으로 충분히 배울 수 있을 것 같은데 말이죠.

– 고2 학생

수학이 싫은 것이 아니라 강제성이 싫은 거예요

한번 상상해보세요. 추리 과목이 생겨서 학교에서 시험을 치고 성적을 매긴다면 어떨까요? 분명 추리를 학교에서 강제적으로 배우면 금방 싫증 날 것입니다. 예를 들어 학생이라면 누구나 좋아하는 게임도 학교 수업에 포함해서 매주 시험을 본다면, 아마 도중에 그만두고 싶어질 것입니다. 어떤 공부, 어떤 내용이라도 마찬가지일 것입니다. 다시 말해 수학이라는 과목 자체에 문제가 있는 것이 아니라, '무언가를 강제로 배운다'라는 의식이 문제입니다.

더 현실적으로 말하면 추리 문제만 연습해 논리적인 사고력을 배양하는 것보다 2000년이 넘는 역사 속에서 완성된 수학이라는 아름다운 학문을 통해 그 능력을 배양하는 것이 장기적으로 보면 압도적으로 효율이 높습니다. 시간이 흘러 수학 문제를 푸는 법을 모두 잊어버린다 해도 그럴 것입니다.

나중에 분명히 이 사실을 깨닫게 될 것입니다. 아직 납득하기 어렵다면 속는 셈 치고 계속 배워보세요. 절대 손해 보지는 않을 것입니다.

제3장

효율적으로 학습하는
공부 뇌

1

장기증강이 생기면
뇌는 공부에 최적화된다

자, 이제 신경세포의 특성과 뇌 기억의 성질에 대해 알아
봅시다. 우리는 신경세포 하나하나가 가지고 있는 작은 성
질로부터 많은 것을 배울 수 있습니다. 그 이유는 신경세포
가 뇌의 기능을 만들어내기 때문입니다. 그것이 해마의 신
경세포가 가진 특성이라면, 더더욱 당연합니다.

저는 해마와 기억의 연구를 통해 박사학위를 취득했습니
다. 말하자면 해마 박사인 셈입니다. 이번 장에서는 전문가
가 아니면 알 수 없는 지식을 활용해, 해마의 성질을 파헤쳐
보려 합니다. 실제로 해마의 신경세포는 재미있는 성질을

많이 가지고 있습니다. 대표적인 예가 장기증강LTP, Long-Term Potentiation입니다. 일단 장기증강이 무엇인지 먼저 설명하겠습니다.

장기증강은 뇌 기억의 근원

뇌 과학의 발달로 과거에는 생각조차 할 수 없었던 고도의 실험이 가능합니다. 예를 들면, 사람이나 동물의 신경세포를 자극하면서, 동시에 신경세포 활동을 기록할 수 있는데요. 저는 이 기술을 사용하여 해마에 얇은 전극을 살짝 꽂고 해마를 반복적으로 자극했습니다. 그러자 놀랍게도 신경세포 사이의 결합이 강해진 것을 확인할 수 있었습니다. 게다가 자극을 가한 뒤에도 결합도는 장기적으로 증강된 채 머물러 있었습니다. 장기적인 측면에서 신경세포가 활성화된 것입니다.

장기증강은 뇌 기억의 근원입니다. 이것은 단순한 실험으로 증명할 수 있습니다. 동물에게 약을 주입하거나 유전자를 조작하여 뇌에서 장기증강을 없앤 뒤 어떤 변화가 일어나는지 확인했더니, 실제로 장기증강을 잃은 동물은 기억을

최적의 공부 뇌

잊어버렸습니다. 이 실험 결과를 통해 기억은 장기증강으로 완성된다는 것을 알 수 있습니다.

• 해마를 반복해서 자극한 결과 •

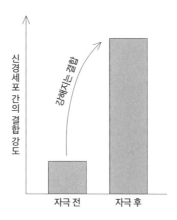

반대로 장기증강을 활성화한 동물은 기억력이 증가했습니다. 해마를 장기증강이 생기기 쉬운 상태로 만들면, 학습 능력이 향상되는 것을 확인할 수 있습니다. 자세히 말해서 실험을 통해 장기증강이 잘 일어나는 방법을 찾을 수 있다면, 공부에 도움이 될 힌트를 찾을 수 있습니다.

먼저 유의해야 할 것은 장기증강은 신경세포를 수차례 반복적으로 자극하여 생겨나는 현상이라는 점입니다. 해마를 한 번 자극해서는 결코 장기증강을 만들 수 없습니다. 몇 번이고 반복해서 자극해야만 비로소 장기증강이 생겨납니다.

결국, 해마의 신경세포 자체가 반복 자극 즉, 복습이 필요하다는 점을 알게 되었습니다. 신경세포 자체가 그런 작용을 하므로 우리는 복습이 필요하다는 사실을 더 피할 수 없습니다. 복습하지 않고 무언가를 습득하려고 하는 것은 뇌과학적인 측면에서도 올바르지 못한 자세입니다.

하지만 실망할 필요는 없습니다. 문제는 반복(복습)이 필요하다는 사실이 아닙니다. 이 반복 자극의 횟수를 어떻게 하면 줄일 수 있을지 생각해야 합니다. 실제로 반복 자극 횟수를 줄일 수 있는 비책이 있습니다. 이 방법을 이용하면 더 간단하게 장기증강을 일으킬 수 있습니다. 효율적인 공부법을 향한 길이 그곳에 숨어 있습니다. 그럼 그 방법과 관련된 두 가지 비결을 설명하겠습니다.

모차르트 음악을 들으면 공부가 잘된다?

'모차르트 효과'라는 말이 있습니다. 모차르트의 음악을 들으면 머리가 좋아지는 효과를 말하며 실제 과학 논문으로 발표된 적이 있습니다. 모차르트 효과는 위스콘신대학의 프란시스 라우셔 박사가 발견했습니다. 하지만 머리가 좋아진다고는 해도 일시적인 효과에 불과하며 1시간도 지속되지 않습니다. 그러나 효과는 즉각 나타납니다. IQ가 8~9점 높아진다니 정말 놀라울 따름입니다.

하지만 주의해야 할 점은 모차르트의 음악에만 해당한다는 것입니다. 바흐 음악도 효과가 있다고는 하지만 다른 작곡가, 예를 들면 쇼팽이나 베토벤의 음악은 전혀 효과가 없었습니다. 라우셔 박사는 모차르트 음악의 아름다운 멜로디가 우뇌를, 편안한 리듬이 좌뇌를 균형 있게 자극하여 지능 향상에 도움이 된다고 설명합니다. 여러분도 쉬는 시간에 모차르트의 음악을 들어보는 건 어떨까요?

2

장기증강 만들기 ①
세타파가 나오게 하라

지금부터 장기증강을 효율적으로 일으키는 세 가지 비결을 알아봅시다. 첫 번째 비결은, 어떤 뇌파가 발생하는 순간에 자극을 가하는 것입니다. 뇌파라는 말을 들으면 아마 여러분은 흔히 알파파나 베타파를 떠올릴 것입니다. 긴장이 완화되면 뇌에서 알파파가 흘러나온다는 말, 들어본 적이 있나요?

하지만 지금 설명하려는 뇌파는 조금 다른 뇌파입니다. 그 이름은 세타파입니다. 세타파는 알파파나 베타파보다 더 느린 리듬의 뇌파입니다. 기억에서 가장 중요하다고 단언할 수 있는 뇌파입니다.

세타파가 나오면 더 잘 외워진다

세타파는 호기심의 상징입니다. 무언가를 처음 보았을 때, 미지의 세계에 발을 내디딜 때, 자연스럽게 뇌에서 흘러나오는 뇌파입니다. 다시 말해 마음이 설레거나 두근거리며 호기심이 강해지는 상태를 말합니다. 반대로 지루하거나 타성에 빠져 흥미를 잃었을 때, 세타파는 사라집니다. 대상을 향해 흥미가 솟을 때 세타파가 나옵니다.

• 다양한 뇌파 •

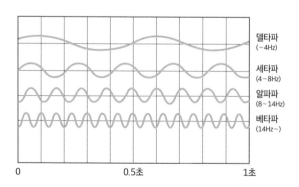

재미있는 점은 세타파를 내는 해마는 적은 자극 횟수로도 장기증강을 만든다는 것입니다. 최적의 시기에 자극을 가하

면 반복 횟수를 80~90%나 줄일 수 있다는 뜻입니다. 10분의 1의 자극만으로도 암기가 가능합니다. 흥미를 느끼는 무언가는 복습 횟수가 적어도 외울 수 있다는 것이죠. 예를 들면 좋아하는 아이돌 멤버의 생일이나 스포츠 선수의 이름은 외우려고 애쓰지 않아도 저절로 외우게 되지 않나요? 이처럼 흥미로운 것들은 싫어하는 과목의 지식보다 훨씬 쉽게 외워지곤 합니다. 이러한 기억력 증강은 바로 세타파 덕분입니다.

재미있다고 생각해야 효율적이다

장기증강 성질을 통해 무언가에 대한 흥미도가 기억에 매우 중요하다는 것을 알았습니다. 그러므로 재미없고 지루하다고 생각하면서 공부를 하면, 결국 복습의 횟수가 그만큼 더 필요해질 뿐입니다. 안 그래도 지루함을 억누르고 힘겹게 공부했는데, 결국 공부를 더 많이 해야 한다니 억울하지 않나요?

그러니 공부에 도무지 흥미가 안 생기는 날에는 약간의 휴식 뒤에 다시 도전하세요. 또 그런 날은 깔끔하게 잠자리

최적의 공부 뇌

에 들고 다음 날 의욕적으로 공부에 임하는 것도 좋은 방법입니다.

'도대체 공부가 어떻게 재미있을 수 있어!' 하고 불평하는 학생도 있을 것입니다. 하지만 그런 생각은 큰 착각입니다. 물론 시험 자체는 재미있을 수 없습니다. 하지만 시험을 떠나 공부 자체는 어떤 과목이라도 흥미를 불러일으키는 지점이 분명히 존재합니다.

저는 세상 모든 일은 어떤 대상이라도 분명히 심오한 무언가가 존재한다고 믿습니다. "길고 짧은 것은 대보아야 안다"라는 말이 있듯, 겉으로 보기만 해서는 진정한 재미를 알 수 없는 분야가 많습니다. 직접 해봐야 느껴지는 재미가 있습니다. 게다가 그 길을 깊이 파면 팔수록 재미를 느끼게 됩니다. 따라서 "지루해!"라고 말하는 것은 "난 무식해!"라고 스스로 폭로하는 셈입니다.

공부도 마찬가지입니다. 설령 재미가 없더라도 조금만 참으며 계속 해봅시다. 그럼 분명히 숨겨진 재미를 발견하게 될 것입니다. 그리고 그때에는 여러분 뇌 속에서 자연스럽게 세타파가 흘러나올 것입니다.

심리학자 웨인 다이어는 '좋아, 아침이다!'라고 말할지 '아, 아침이네…'라고 말할지는 마음가짐에 달렸다고 말했죠. 정말 그렇습니다. 모두 자신의 마음가짐에 달려 있습니다. 세타파를 내기 위해선 세상을 향한 호기심으로 가득 찬 아이와 같은 동심童心과 동경憧憬이 필요합니다.

최적의 공부 뇌

시험 때 꼭 피해야 하는 약물

기억력이 증가하는 약이 있다면 얼마나 좋을까요? 오래전부터 DHA를 필두로 뇌에 좋은 영향을 준다는 수많은 식품과 약이 발매 됐습니다. 하지만 그처럼 많은 제품이 시중에 판매된다는 사실은 그만큼 확실하게 머리가 좋아지는 약이 없었다는 말이기도 합니다. 그런데 두뇌 회전을 저하시키는 약은 의외로 많습니다. 뇌에서 아세틸콜린이라는 물질의 움직임을 억제하는 약물을 예로 들 수 있습니다.

아세틸콜린은 세타파의 근원입니다. 해마를 활성화하고 의식을 깨어 있게 하거나 기억력을 고양하는 작용을 합니다. 이런 아세틸콜린의 움직임을 방해하는 약은 여러분 주위에 많습니다. 예를 들면, 감기약이나 설사약, 멀미약 등이 있죠. 실제로 감기약을 먹으면 멍해지거나 졸리지 않나요? 뇌의 아세틸콜린을 억제하고 있기 때문입니다.

물론 부작용이 두려워 약을 먹지 않고 병을 악화시키는 것은 주객이 전도된 꼴입니다. 어떤 약도 부작용이 있지만, 무작정 부작용을 두려워하기보다 부작용을 올바르게 이해하고 약을 먹어야 합니다. 시험 전에 꼭 감기약이나 설사약을 먹어야 한다면, 뇌의 아세틸콜린을 저해하는 성분이 포함되지 않은 약을 선택하세요. 약사에게 "약에 뇌의 아세틸콜린을 억제하는 성분이 포함되어 있나요?"라고 물어보면 친절하게 답해줄 것입니다. 참고로 아세틸콜린의 움직임을 방해하는 성분으로 유명한 것은 스코폴라민, 다이펜하이드라민 등이 있습니다. 가지고 있는 약의 성분표를 참조하기 바랍니다.

3

장기증강 만들기 ②
편도체를 활성화하라

앞서 장기증강을 만들려면 세타파가 효과적이라고 설명했습니다. 하지만 세타파보다 더 효과적으로 장기증강을 일으키는 방법이 하나 더 있습니다. 이 방법은 제가 처음으로 세상에 밝힌 현상이기도 합니다. 바로 편도체라는 뇌의 신경세포를 활성화하는 것입니다.

편도체는 해마 바로 옆에 있는 뇌 부위입니다. 새끼손톱 정도로 크기는 작지만 동물에게 상당히 중요한 역할을 합니다. 바로 감정을 만들어내는 곳이기 때문이죠. 우리가 느끼는 기쁨이나 슬픔, 불안 등 모든 감정이 이곳에서 만들어집

최적의 공부 뇌

니다. 해마를 '기억 공장'이라고 한다면 편도체는 '감정 공장'이라 할 수 있습니다.

이러한 편도체가 활동하면 장기증강이 생기기 쉽습니다. 다시 말하자면 슬플 때, 기쁠 때 등 감정이 격할 때는 무언가를 더 기억하기 쉬운 상태로 변합니다. 한번 생각해봅시다. 과거의 일들 중에서 지금까지 기억하고 있는 것들은 재미있었던 일, 슬펐던 일 등 감정을 자극했던 일들이 많습니다. 우리는 그러한 기억을 '추억'이라는 특별한 단어로 부르며 마음속에 소중히 간직합니다. 그런 추억이 생길 수 있었던 것은 편도체가 활동하여 장기증강이 생기기 쉬운 상태였기 때문입니다.

감정에 의한 기억력 촉진

자, 추억이라는 이름을 가진 기억이 다른 기억보다 좀 더 강하게 사람의 뇌에 저장되는 이유를 생각해봅시다. 추억은 왜 기억과 마음에 강하게 남을까요? 추억이 일상생활에서 어떤 중요한 의미를 지닐까요?

현재의 우리 모습을 관찰해서는 이 궁금증을 풀 수 없습니다. 진화 과정에서 산과 들을 뛰어다니던 야생동물이었던 때의 원시생활을 생각해야 합니다. 편도체가 기억력을 높이는 현상은 동물들에게는 생명과 직결되는 깊은 의미가 있습니다.

고도로 발달된 현대 도시에서 생활하는 우리와 달리, 대자연 속에서 생활하는 동물들은 항상 생명의 위협에 노출된 채 살아갑니다. 목숨을 잃을지도 모르는 무서운 경험도 수없이 하며, 무언가를 먹지 않으면 생명이 위태롭기 때문에 식량 걱정도 항상 해야 합니다. 이러한 위험을 효율적으로 피하기 위해서 동물들은 적을 만났을 때 느낀 공포나, 사냥에 성공했거나 먹이를 얻었던 장소를 확실하게 뇌에 저장해 둘 필요가 있습니다.

동물에게 생명과 관련된 중요한 정보를 얼마나 재빨리 기억하느냐, 다시 말해 적은 복습 횟수로 제대로 기억하느냐 못 하느냐는 생명 유지와 관련된 중대한 문제였습니다. 그 때문에 세운 작전이 '감정에 의한 기억력 촉진'입니다. 그러므로 뇌는 편도체의 활동으로 감정이 얽힌 경험을 확실히 외우도록 만들어졌습니다.

최적의 공부 뇌

진화 과정에서 만들어진 이 특수한 기억력은 지금까지 우리의 뇌에 강렬하게 남아 있습니다. '추억을 만든다'라고 하면 왠지 마음이 훈훈해지는 인간미 넘치는 작업처럼 들리지만, 이는 우리가 야생동물이던 때 새겨진 생존 경쟁의 흔적입니다.

감정이입을 하면 기억에 오래 남는다

편도체를 이용한 기억력 증강은 동물 진화 과정에서 오랫동안 길러진 특성이기에 그 효과는 매우 강력합니다. 꼭 활용해야 합니다. 예를 들어 교과서에 이런 내용이 나왔다고 합시다.

나폴레옹은 워털루 전투에서 패배하면서 세인트헬레나 섬에 유배되었다가 1821년 사망했다.

이러한 교과서상의 지식도 단순히 통째로 암기하는 것이 아니라, 그 정보에 감정을 담아 외우는 거죠. 수많은 작전에 실패한 나폴레옹의 원통함을 상상하며, 나아가 섬에 유배되는 형벌을 마치 자신이 선고받은 것처럼 괴로워하다 보면 뇌는 이 지식을 자연스럽게 기억하려고 할 것입니다.

교과서 내용을 하나하나 감정적으로 받아들이며 눈물짓는 모습은 바보처럼 보이겠지만, 우리 뇌에는 그런 사실을 강하게 기억하려는 성질이 자리 잡고 있습니다. 그것은 생물학적으로도 합리적인 행위이며, 뇌에 적은 부담을 주면서 외우는 방법입니다. 참고로 나폴레옹이라는 인물에 흥미가 생겨 세타파까지 흘러나오면, 더할 나위 없이 완벽한 암기가 될 것입니다.

최적의 공부 뇌

벼락치기를 믿으면 안 되는 이유

시험을 앞두고 평소에는 절대로 외울 수 없는 양의 지식을 한 번에 억지로 외워낸 적 있을 것입니다. 시험에 대한 불안감이나 위기감이 편도체를 활성화해 기억력이 폭발적으로 증가했기 때문입니다. 물론 이런 곡예에 가까운 행위는 모든 사람에게 가능한 일이 아닙니다. 따라서 자신에게도 그런 능력이 있지 않을까 하는 기대는 하지 않는 편이 좋습니다.

그뿐 아니라 앞서 이야기했듯이, 시험 직전에 많은 양의 지식을 무리하게 외우면 금방 잊어버립니다. 그 외에 다른 악영향도 끼칩니다. 장기증강은 스트레스를 잘 견디지 못합니다. 스트레스에서 벗어나지 못하면 장기증강은 줄어듭니다. 스트레스를 받지 않기 위해서라도 벼락치기 시험 공부는 하지 않는 편이 좋습니다.

그렇다고 해서 시험 전에 정성 들여 계획을 짜고, 여유 넘치는 일정을 세우는 것도 권하기는 힘듭니다. 긴장감이 지속되지 않으면 의욕이 침체되기 때문입니다. 셰익스피어는 "방심, 그것은 인간에게 가장 가까이 있는 적"이라고 희곡을 통해 말했습니다. 그처럼 타성에 빠지지 않고 적당한 긴장 감을 유지하면서 장기증강을 일으키는 세타파(흥미)와 편도체(감정)를 적절히 활용하는 공부야말로 시험에서 높은 점수를 받는 비결입니다.

4

장기증강 만들기 ③
야생의 사자처럼 공부하라

마지막으로 기억력 증강의 비결을 조금 다른 관점에서 설명하고자 합니다. 누구나 쉽게 응용할 수 있는 공부법으로, 저는 이 방법을 '사자 공부법'이라고 부릅니다. 우리는 사람이기 이전에 동물입니다. 동물들은 진화 과정을 통해 기억력이라는 능력을 발전시켜 왔습니다. 그 흔적이 사람에게도 남아 있다는 사실을 전제로 생각해봅시다.

우선 자신이 사자라고 상상해봅니다. 초원에서 생활하는 사자에게 기억력이 필요한 순간은 언제일까요? 이런 상상을 통해 기억력에 영향을 주는 요소들을 찾을 수 있습니다.

첫째, 배고플 때 공부하라

먼저 동물에게 공복은 위기 상태를 뜻합니다. "배가 고프면 싸울 수 없다"라는 속담도 있지만, 이 속담은 아마 꽤 옛날, 식재료 조달은 물론 먹는 것조차 구하기가 쉽지 않았던 시대에 전쟁터에서 쓰였던 말인 것 같습니다. 현대에 적용해서는 안 됩니다.

사자는 배가 고플 때 사냥을 나갑니다. 사냥할 때는 기억력을 발휘해야 합니다. 실제로 배가 고플 때 기억력이 증가한다는 사실은 과학적으로도 증명된 바 있습니다. 그렇다고 계속 굶으면서 영양실조에 걸리라는 말은 아닙니다. 뇌는 식사 전에 적당한 위기 상태에 있습니다.

여러분은 학교에서 집으로 돌아와 잠자리에 들기 전까지 주로 언제 공부하나요? 대부분은 저녁을 먹고 난 뒤에 공부를 시작합니다. 집에 와서 저녁을 먹기 전까지의 시간은 휘뚜루마뚜루 보내기 쉽습니다. 하지만 사자를 생각하면 알 수 있듯이, 저녁 식사 전 공복일 때야말로 공부하기에 최적인 시간입니다.

조금 전문적으로 말하면, 공복 상태에서는 그렐린ghrelin

최적의 공부 뇌

이라는 식욕을 촉진하는 호르몬이 위에서 분비됩니다. 이 그렐린이 혈류를 따라서 해마에 도달하면 장기증강을 촉진합니다. 반면에 배부른 상태가 되면 그렐린이 감소할 뿐 아니라 위나 장에 혈액이 집중되어 두뇌 활동이 저하되기 쉽습니다. 사냥을 마친 사자도 위가 채워지면 나무 그늘에 낮잠을 청합니다. 우리도 마찬가지로 배가 부르면 자고 싶습니다.

둘째, 걸으면서 공부하라

사자는 사냥을 할 때 걷거나 달립니다. 걷는 순간 해마에선 자동으로 세타파가 나옵니다. 그 결과 기억력이 향상됩니다. 걷는 행위는 기억력 증강의 스위치와도 같습니다.

여러분 중에는 걸어 다니면서 암기하면 더 잘 외워진다는 사실을 눈치챈 사람이 있을지도 모릅니다. 저 역시 고등학생 시절 식탁 주위를 뱅글뱅글 돌면서 영어단어나 연호年號를 외웠습니다. 그 방법이 책상에 앉아서 외우는 것보다 효과적이란 것을 깨달았기 때문입니다. 지금 생각해보면 세타파 덕분이었습니다.

실험에 따르면 자신의 다리로 걸을 때 더 효과적으로 세타파가 방출된다고 합니다. 하지만 꼭 그런 것만은 아닙니다. 예를 들면, 교통수단을 타고 이동할 때에도 세타파가 방출됩니다. 버스나 지하철 속에서 흔들리며 이동 중이라는 사실을 뇌가 감지하기만 하면 세타파가 나온다고 합니다.

셋째, 시원하게 공부하라

공복이나 보행뿐 아니라, 방 안 온도에 대해서도 사자 공부법을 응용할 수 있습니다. 동물은 추위를 느끼면 위기감을 느낍니다. 겨울이 되면 사냥이 힘들어진다는 사실을 본능적으로 알기 때문입니다. 그러므로 방 안의 온도는 약간 낮은 편이 공부의 효율성을 높입니다. 여름이라면 냉방이 잘 되는 시원한 방에서 공부하는 것이 좋고, 겨울에는 그다지 난방을 하지 않는 곳에서 공부하는 것이 좋습니다. 난로 앞에 앉아 따뜻한 차를 마시며 뜨끈뜨끈하게 공부하는 모습은 별로 바람직하지 않습니다. 또한, 실온이 높으면 위기감이 줄어들 뿐 아니라, 머리 전체의 혈행血行에 변화가 생겨 사고력 저하로 이어집니다. 뇌 온도와 방 안 온도 사이에 어느 정도의 차이가 없으면, 머리는 제대로 일하지 못합니다. 예로부터 전해진 '두한족열頭寒足熱'이라는 말을 기억하기 바랍니다.

사자 공부법을 이용하여 공복, 보행, 방 안 온도까지 기억력에 영향을 주는 세 가지 요소를 생각해봤습니다. 여러분도 여러 상황에 응용해보기 바랍니다. 의외의 효과를 얻을 수 있을 것입니다.

감정 고조

과거의 기억을 떠올려보면, 재미있었던 기억이나 괴로웠던 기억처럼, 감정과 연관 있는 기억을 많이 떠올릴 수 있습니다. 이른바 추억이라고 부르는 기억입니다. 희로애락 등의 감정은 뇌 깊숙이 존재하는 편도체에서 생깁니다. 편도체가 활동해 감정이 고양되면, 그 신경신호를 추억이라는 기억으로 만들기 시작합니다. 다시 말해 희로애락 등의 감정이 나타나는 순간은 다른 때에 비교해 기억하기 쉽다는 뜻입니다. 편도체를 사용하면 암기가 쉬워집니다.

편도체의 효과는 그뿐이 아닙니다. 편도체가 활동하면 기억력뿐 아니라 집중력도 높아집니다. 편도체는 전두엽(대뇌피질의 일부)에도 신호를 보내 집중력을 지속하게 만듭니다. 다시 말해 감정을 환기시키는 것에 대해 싫증을 느끼지 못합니다. 영화도 소설도 마찬가지입니다. 감동적인 영화는 질리지 않고 마지막까지 감상할 수 있습니다. 이런 효과를 '감정 고조emotional arousal'라고 합니다.

그러니 질리지 않고 공부를 계속하기 위해서는 감정을 고양시키기 위한 노력을 해야 합니다. 예를 들면, 유치한 말장난을 만들어 외우거나, 내용을 농담처럼 만드는 등의 노력이 필요합니다.

암기 천재인 친구가 부러워요

제 친구는 암기 천재입니다. 성적도 좋고 머리도 좋은 친구인데 암기력이 정말 대단합니다. 예를 들면 일본 역사 연표를 보다가 갑자기 '이 천황들의 이름을 외우고 싶다'라는 생각을 하고는 진무 천황부터 긴죠 천황까지 125대 천황 이름을 무려 2시간 만에 전부 다 외웠다고 합니다. 모두 앞에서 "진무-스이제-안네-이토-코쇼…"라며 불과 1분도 안 되는 시간 동안 숨도 안 쉬고 외워댔습니다. 정말 대단하지 않나요?

모두들 "쟤는 절대 인간이 아니야" 혹은 "이런 놈이랑 같이 공부해야 하다니 불공평하다!" 하고 말하면서 질색을 했죠. 나중에 그 친구에게 조용히 "너는 어떻게 뭐든 잘 외우는 거야?" 하고 물어보니 "그냥 외우는 게 재밌어"라고 대답하더라고요. 저는 살면서 암기를 재미있어 하는 사람은 처음 봤습니다. 별난 친구이긴 하지만 마음가짐은 본받고 싶었습니다. 저는 지금까지 암기는 무조건 괴로운 일이라고 생각했거든요.

– 고2 학생

재미있게 공부할 수 있다면, 그보다 더 좋은 공부법은 없습니다. 편도체나 측좌핵 등 뇌 부위에서 생기는 재미있다는 감정은 대뇌의 각성 수준을 높이며, 의욕을 불러 일으키고, 사물에 대한 집중력을 높입니다. 게다가 중격부라는 뇌 부위는 해마에 세타파를 일으키게 해 기억력을 고양시킵니다.

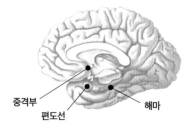

그런데 기억은 입구가 좁은 빈 페트병에 물을 채우는 행위와 같습니다. 페트병은 많은 양의 물을 담을 수 있지만 입구가 좁습니다. 그래서 양동이에 물을 가득 담아 페트병 위에 들이부으면 대부분의 물은 페트병 밖으로 흘

러버립니다. 이같이 한 번에 많은 정보를 뇌에 무턱대고 집어넣으려고 하면 금방 한계에 맞닥뜨리게 됩니다. 대부분의 지식을 잊어버리고 말죠.

하지만 양동이가 아닌 컵을 사용하여 페트병에 물을 넣거나, 깔때기를 사용하는 등의 노력을 하면 효율적으로 물을 담을 수 있습니다. 다시 말해, 암기에도 요령이 있는 것입니다. 운 좋게도 가까이에 암기 천재가 있으니 요령을 물어보기를 바랍니다. 비결이 없으면 그만큼의 양을 외울 수 없습니다. 하지만 정말 중요한 것은 암기 그 자체가 아니라, 축적한 지식과 노하우를 앞으로의 인생에서 '얼마나 활용할 수 있느냐'라는 것을 잊지 마세요.

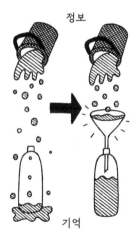

정보

기억

열심히 해도 입시에 실패할 것 같아요

저는 중학교 입시도, 고등학교 입시도 실패했습니다. 그래서 어떤 예기치 못한 일이 벌어지더라도 꼭 합격할 수 있을 만큼의 실력을 키우고자 노력했습니다. 하지만 아무리 노력하고, 아무리 모의고사에서 좋은 점수를 받아도, 막상 가장 중요한 입시 때 실패할 것 같다는 생각이 머릿속에서 떠나지를 않습니다. 너무 불안해서 악몽도 자주 꿉니다.

그런데 형은 저와 정반대입니다. 같은 부모 아래에서 자랐는데 말이죠. 고등학교도 대학교도 모의고사에서는 낮은 등급을 받았으면서 입시는 한 번에 성공했습니다. 형은 야구부여서 그런지 저에게 이렇게 말했어요.

"입시는 3년 동안 땀투성이, 진흙투성이가 되어 연습한 성과를 발휘하는 결승전 같지 않아? 심지어 난 빨리 그날이 왔으면 하는 생각에 두근거렸어. 결승전을 맞이하는 마음으로 시험을 치니까 공부했던 것들이 시험 중에 많이 떠오르더라."

어떻게 이렇게 생각할 수 있을까요? 정말 부러운 성격이에요.

– 고2 학생

시험 울렁증을 가지고 있는 사람에게는 많은 경험을 쌓는 것이 가장 좋은 약입니다. 모의고사는 물론, 가능하면 많은 시험을 체험하는 것도 한 가지 방법입니다. 토익 같은 시험에도 적극적으로 응시해, 중요한 시험에서 긴장하지 않기 위한 나름의 준비 방법을 몸에 익히기를 바랍니다. 그리고 가고자 하는 학교를 한 군데로 한정하기보다 지망 대학을 복수로 설정해 시험을 치는 것은 어떨까요?

참고로 시험에 대한 불안을 노트에 적으면 긴장을 완화시킬 수 있습니다. 실제로 학생에게 시험 직전 몇 분 동안 다음에 시험을 치는 과목의 어느 부분이 어떻게 불안한지를 구체적으로 적게 했더니 긴장감이 완화되고 10% 정도 더 높은 점수를 받았습니다. 시험과 상관없는 내용을 적으면 아무런 효과가 없으니 불안한 마음을 솔직히 토로한다는 점을 유념해 적기 바랍니다. 울렁증이 있는 사람은 꼭 해보세요.

　시험을 볼 때 의자에 앉는 자세도 유의해야 합니다. 같은 작업을 해도 허리를 꼿꼿이 펴면, 새우등으로 앉아 있는 경우보다 자신감이 증가한다는 사실이 실험을 통해 밝혀졌습니다. 가장 중요한 것은 바로 자신감입니다. 물론 정말로 자신감이 넘치는 사람은 그다지 많지 않습니다. 자신감에 확신이나 근거는 필요 없습니다. '난 할 수 있다!'라고 끊임없이 자기 암시를 걸어 보기 바랍니다. 운동선수가 자주 사용하는 심리 전략이기도 합니다.

시험은 경쟁의 도구일 뿐이잖아요

시험은 약점을 들추어내고, 등수를 매기기 때문에 싫습니다. 시험만 없었다면 수학도 영어도 즐겁게 공부했을지 모릅니다. 무엇보다도 친한 친구를 잃지 않았을 것입니다. 저는 초등학교 3학년 때부터 이렇게 생각해, 시험 치는 날에는 일부러 학교에 가지 않거나 백지와 다름없는 답안지를 제출해왔습니다.

그런데 최근에 좋아하는 남자아이가 "시험은 자신의 노력을 분명하게 보여주기 때문에 좋아"라고 말했습니다. 물론 시험도 성적표도 없다면 자신의 약점도 장점도 확인할 길이 없겠죠. 하지만 선생님도 부모님도 너무 어린 나이부터 시험을 도구로 우리를 경쟁시키지 않았으면 좋겠습니다.

- 고1 학생

조금 다르게 생각해봅시다

이것은 확실히 어려운 문제입니다. 우리는 자유사회에 살고 있습니다. 하지만 '자유'라는 매력적인 단어의 의미를 곡해해서는 안 됩니다. 자유란 '무엇이든 할 수 있다',

'속박이 없다'라는 의미가 아닙니다. 예를 들어 도둑질을 해서는 안 되며, 사람을 죽여서도 안 됩니다. 자유라는 단어를 사회 속에서 사용하는 한 그 단어는 책임을 의미하기도 합니다. 그 구속을 이해하지 못하는 사람에게는 자유를 즐길 자유는 주어지지 않을 것입니다.

학교 교육의 존재는 현대사회의 자유성을 상징합니다. 그렇다고 해서 자신이 좋아하는 대학에 가거나, 자신이 좋아하는 과목만을 배울 수는 없습니다. 당연하지만 평등·자유를 실현하기 위해서는 궁극적으로 사람을 구별·차별해야 하는 국면에 처하게 됩니다. 입시도 많은 경우 성적을 사용해 사람을 선별합니다.

하지만 학생뿐 아니라 많은 사람이 이미 알고 있는 것처럼 '성적이 나쁜 사람=쓸모없는 사람'이지는 않습니다. 프로 야구선수도 그렇습니다. 홈런을 치지 못하는 선수를 쓸모없는 선수라고 낙인찍는 사람은 어디에도 없습니다. '안타를 치면 상관없다', '수비를 잘하면 상관없다', '볼 컨트롤을 잘하면 상관없다', '투수를 잘 이끄는 포수라면 상관없다' 등 선수의 장단점을 판단하는 기준은 여러 가지이기 때문입니다.

결국 어떤 기준에 따라 '좋고 나쁨'을 판단받는 일은 피할 수 없습니다. 그것이 자유 반대편에서 일어나는 현상입니다. 긴 안목에서 보면, 학교 시험만으로 자신의 인간성까지 판단하는 것은 아니기 때문에 고깝게 여길 필요 없이, 공부를 더 열심히 하는 것이 어떨까요?

시험날 일부러 학교에 가지 않거나, 백지를 내는 마음은 이해하지만 결국 자신에게는 아무런 이득이 없습니다. 오히려 성적이 나쁘더라도, 주어진 과제에 정성껏 노력하는 쪽이 미래의 자신에게 득이 될 것입니다. 학생이 이야기한 것처럼 시험이 없다면 자신의 약점이나 장점을 깨닫지 못합니다. 자기 자신을 파악하는 것, 이것이 시험의 중요한 역할 중 하나입니다.

제4장

수면으로 완성되는
공부 뇌

뇌는 수면 중에
기억을 정리한다

지금까지 복습의 중요성을 재차 설명했습니다. 여러분은 복습을 하려면 별도의 노력이 필요하다고 생각하나요? 하지만 놀랍게도, 노력하지 않아도 '저절로' 복습이 가능하다면 어떨까요? 바로 수면이 그 기능을 합니다.

잠을 자는 동안에도 뇌는 알게 모르게 복습을 수행합니다. 최신 뇌 과학의 관점에서 보면, 새로운 지식을 몸에 익히면 그날은 충분히 잠을 자야 합니다. 반대로 한숨도 자지 않고 집어넣기만 한 정보는 뇌에서 빠르게 지워집니다. 시험 직전에 밤을 새워가며 암기한 지식 역시 결국 뇌에 남지 않고 깨끗하게 지워집니다. 부득이한 경우라면 벼락치기로 공부할 수밖에 없지만, 일단은 수면이 학습에서 얼마나 중요한지 알아두는 편이 좋습니다.

수면이 학습에 중요한 이유

수면에 관한 열쇠 역시 해마가 쥐고 있습니다. 여러분은 의외라고 여길 수 있겠지만, 해마는 꿈을 꾸는 동안에도 왕성하게 움직입니다. 꿈은 기억의 재생입니다. 누군가는 꿈에서 비현실적인 일이 일어나기 때문에 현실의 기억과 꿈이 아무 상관없다고 말합니다. 하지만 여러분은 고대 그리스어를 유창하게 구사하는 꿈을 꾼 적이 있나요? 물론 없을 것입니다. 왜냐하면, 뇌에 고대 그리스어에 대한 정보가 없기 때문입니다. 뇌에 존재하지 않는 정보는 아무리 환상적인 꿈이라고 해도 만들 수 없습니다.

다시 말해서 꿈이란 뇌에 있는 정보나 기억의 단편을 이것저것 짜 맞추어 만든 영상에 불과합니다. 우리가 꿈을 꾸는 이유는 바로 짜 맞추어 만든 그런 영상이 의미가 있는지 없는지 시행착오를 통해 알아내기 위한 것이라고 생각하는 연구자도 있다고 합니다.

꿈속의 모든 장면은 해마의 정보나, 대뇌피질의 기억이 꿈속에서 재현된 것입니다. 잠에서 깨어난 후에 생각나는 꿈은 극히 일부에 불과합니다. 너무나 이상한 꿈을 꾸면, '이상한 꿈이다'라는 인상이 강하게 남아 깨어난 후에도 생각나곤 합니다.

뇌는 수면 중에도 정보를 여러 가지 형태로 조합하며 올바른 순서인지 확인하는 등 과거의 기억을 정리합니다. 어떤 정보가 필요한지, 어떤 정보가 불필요한지를 해마가 조사하는 것입니다. 그러므로 잠을 자지 않으면, 해마에게 정보를 정리하여 선택할 시간을 주지 않는 셈이 됩니다. 결과는 뻔합니다. 정리되지 않은 정보는 폐기되고 맙니다.

수면 시간을 줄이면 실력이 쌓이지 않는다

수면은 외운 정보를 제대로 보존하기 위한 중요한 행위입니다. "시험 직전에 매일 밤새워 공부할 거야!"라고 말하는 사람을 종종 봅니다. 그러나 수면 시간을 줄이면 실력을 쌓아 올릴 수 없습니다. 기억은 뇌 속에 오랫동안 저장되어야

만 비로소 의미가 있습니다. 벼락치기로 시험에서만 좋은
성적을 얻는 것은 임시방편에 불과합니다.

귀중한 수면 시간을 줄이면서까지 좋은 성적을 얻으려고
하는 마음가짐은 장기적으로 보면 아무런 쓸모가 없습니다.
모처럼 열심히 공부했는데, 이 노력을 물거품이 된다면 얼
마나 억울할까요? 그러므로 가능한 한 수면 시간이 방해받
지 않는 선에서 계획을 세워야 합니다.

학습의 기본은 외울 수 있는 범위 내에서 외우고, 이해할
수 있는 범위를 확실하게 내 것으로 만드는 것입니다. 그다
음은 미련 없이 자야 합니다. 할 수 있는 일을 제대로 하고,
충분히 잠을 자고, 남은 일은 해마에게 맡기는 거죠. 이것이

최적의 공부 뇌

시험 공부의 철칙입니다. 잠을 자기만 하면 해마가 알아서 처리해주니, 이보다 더 편할 수 있을까요?

2

꿈을 꾸고 있을 때
기억은 성장한다

꿈이 뇌에 미치는 영향은 이뿐만이 아닙니다. 혹시 이런 경험 없나요? 아무리 공부해도 전혀 이해할 수 없었던 무언가를 어느 날 갑자기 이해한 경험 또는 피아노 수업시간에 아무리 연습해도 치지 못했던 부분 때문에 화가 나 그냥 잠들었는데, 다음 날 아침 피아노 앞에 앉으니 못 쳤던 부분을 순조롭게 치던 경험 말입니다.

이런 신기한 현상을 레미니슨스 또는 과회상過回想이라고 부릅니다. 실은 이 현상도 수면 중에 기억이 제대로 정리되었기 때문에 나타나는 현상입니다. 꿈을 꾸면 기억이 성

최적의 공부 뇌

장한다는 뜻입니다. 재워서 숙성시킨다는 측면에서는 와인과도 같습니다.

학습한 내용이 레미니슨스에 의해 충분한 효과를 발휘하기 위해서는 어느 정도 시간이 필요합니다. 뇌는 방금 전에 외운 지식보다, 외우고 나서 며칠이 지난 지식을 훨씬 더 유용한 기억으로 받아들입니다. 물론 레미니슨스를 기대하며 잠만 자려고 한다면 그저 게으름뱅이에 불과합니다. 하지만 효과적으로 학습하기 위해서는 수면을 꼭 취해야 한다는 것을 기억하세요.

수면의 리듬

수면 중에는 별로 의식하지 못했을 수도 있지만, 수면에도 리듬이 있습니다. '얕은 잠'과 '깊은 잠'이 주기적으로 반복됩니다. 대개 90분 정도 주기입니다. 얕은 잠을 잘 때에는 잠을 자고 있음에도 불구하고 눈을 두리번거리기도 합니다. 이것은 렘수면이라는 수면 상태이기 때문입니다. 안구가 움직이는 현상은 꿈을 꾸고 있기 때문이라고 생각하는 연구자도 있습니다.

얕은 잠과 깊은 잠은 잠자는 동안 몇 번씩(보통 4~6회 정도) 반복되며, 충분히 자고 나면 얕은 잠이 끝나면서 자연스럽게 눈이 떠집니다. 그런데 깊은 잠을 자고 있는 중에 알람시계가 울려 강제로 잠에서 깨어나면, 잠투정을 심하게 하게 되거나 머리가 멍한 상태가 오랫동안 지속됩니다. 심지어 몽롱한 상태가 계속 풀리지 않아 온종일 몹시 힘들 수도 있습니다. 만약 시험 당일 이런 상태에 처한다면 정말 큰일입니다.

• 수면 시간이 6시간인 경우 •

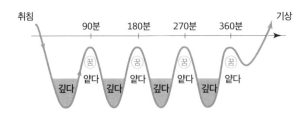

산뜻한 두뇌로 하루를 보내기 위해서는 적절한 시간에 일어나려고 준비할 필요가 있습니다. 수면 주기는 사람에 따라 다르므로 자신의 리듬을 파악해야 합니다. 그리고 평소에 같은 시간에 자고 같은 시간에 일어남으로써 하루의 리

듬을 만들어야 합니다.

　최근에는 자면서 몸을 뒤척이는 타이밍 등을 통해 수면 주기를 측정하여 일어나야 할 시간에 알람이 울리는 알람시계도 있으니 활용해보기를 바랍니다.

좋은 수면은
지식의 질을 바꾼다

세타파는 흥미롭게도 낮에는 강하게 방출되지 않습니다. 세타파를 가장 강하게 방출하는 시간대는 잠을 자고 있을 때입니다. 특히 얕은 수면이 이루어지는 시간대입니다.

수면과 기억의 관계에 관해 다음과 같은 실험이 이루어 졌습니다. 어학 공부를 한 뒤 시험을 치고, 공부하기 전보다 얼마나 점수가 올랐는지 조사하는 실험이었죠. 특이한 점은 공부한 직후에 시험을 쳤을 때와 자고 일어나서 다음 날 아침에 쳤을 때를 비교한 것입니다. 그 결과 후자의 경우 성적 이 더 좋았습니다.

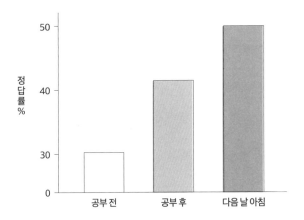

• 수면에 의해 정리되는 기억 •

공부하면 그만큼 지식이 늘어났으므로 점수가 오르는 것이 당연합니다. 하지만 잠을 잤을 뿐인데 점수가 향상된다니 믿기 어렵습니다. 그저 잠을 잔 것뿐이니 지식의 총량은 변함이 없습니다. 그럼에도 성적은 향상되었습니다.

지식은 그저 뇌에 집어넣기만 해서는 사용할 수 없습니다. 난잡하게 쌓아놓기만 한 지식은 아무리 대단한 지식이라 해도 머릿속에서 썩고 있을 뿐입니다. 쌓은 지식을 정리 정돈하여 '사용할 수 있는' 상태로 바꾸는 것이 수면의 역할 중 하나입니다. 자는 동안에 지식의 양은 변함이 없지만, 지식의 질이 변하는 것입니다. 자는 동안 정보로서 유용하게 사용할 수 있도록 변환되어 다음 날 아침에 친 시험에서 성적이 향상되는 신기한 현상이 일어난 거죠.

이것은 비단 기억뿐만이 아닙니다. 아이디어를 얻을 때도 수면이 도와줍니다. 문제를 차근차근 곱씹어본 뒤 잠을 자면, 다음 날 아침 불현듯 해답이 떠오를 확률이 높습니다. 그러므로 자기 전에 문제를 곱씹어보는 습관도 중요합니다.

낮잠과 명상도 효과적

수면을 통해 기억이 정착하는 효과는 밤에 취하는 수면뿐 아니라 낮잠에서도 발견됩니다. 시간적 여유가 있으면 낮에 공부한 뒤 30분 정도 낮잠을 자면 기억력 향상에 도움이 됩니다. 그런데 수면의 중요성을 알고 나면, 그 중요성이 오히려 부담감으로 작용해 시험 전에 제대로 잠을 못 잘 수도 있습니다. '이대로라면 기억이 머릿속에 정착하지 못할 텐데' 하는 압박감을 느낄 수도 있죠. 하지만 안심하길 바랍니다. 수면의 효과는 잠 자체가 중요한 것이 아니라 '뇌로 보내는 정보를 끊고, 뇌가 정리할 시간을 주는 것'이 중요합니다.

그러므로 잠을 자는 것이 어렵다면 조용한 장소에 머무는

최적의 공부 뇌

것도 좋습니다. 조용한 방에서 눈을 감고 있는 것만으로도 해마의 정보 재생이 시작되어 수면과 같은 효과를 얻을 수 있습니다. 불면증 환자 대부분은 잠들지 못하는 상황 자체에 고통을 느끼며 초조해하거나 불안해합니다. 잠들지 못하는 상황을 견디지 못하고 영상을 보거나 독서를 하면서 기분 전환을 꾀하기도 합니다.

하지만 그런 식으로 뇌에 정보를 주입하는 일은 수면과는 정반대의 활동입니다. 잠이 오지 않는다면 차라리 불도 음악도 끈 채 이불 속에서 날이 새기를 기다리세요. 잠을 못 자더라도 신경 쓰지 말고 뇌를 혼자 내버려두세요. 그것만으로도 충분합니다. 불면증 환자 중에는 '잠들지 않아도 괜찮아'라는 생각을 하는 것만으로도 정신적 부담이 줄어들어 자연스럽게 잠드는 사람도 있다고 합니다.

잠을 자면서 학습용 음악을 들으며 공부하는 이른바 '수면학습'은 통상적으로 아무런 효과가 없습니다. 수면 중에는 뇌를 방해하지 않는 것이 가장 좋습니다.

달걀 집중법

같은 자세로 줄곧 공부하다 보면, 머리가 멍해지며 집중력이 사라진다는 사람들이 있습니다. 그럴 땐 가볍게 몸을 움직여 기분 전환을 해보세요. 그 밖에 음악을 몇 분간 듣는 것도 도움이 됩니다.

제가 실천하는 집중력 높이는 방법을 소개하겠습니다. 이른바 '달걀 집중법'입니다. 처음 시도할 때에는 3분 정도 걸릴 수 있지만, 익숙해지면 30초도 걸리지 않습니다. 일단 눈을 감으세요. 그리고 끝이 뾰족한 고깔모자를 쓰고 있다고 상상하세요. 그다음 손 위에 삶은 달걀이 올려져 있다고 상상하세요. 그 달걀을 가볍게 공중으로 던져 반대쪽 손으로 받아낸다고 상상하세요. 이 동작을 수차례 반복한 뒤, 잘 쓰는 손으로 달걀을 고깔모자 꼭짓점에 세워보세요. 균형을 잘 맞추어 떨어지지 않도록 조심합니다. 제대로 올라갔나요? 그러면 달걀을 의식하면서 살짝 눈을 뜹니다. 그러면 집중력은 공부하고 있던 책상을 향하게 됩니다. 이 작업에 익숙해지면, 달걀을 좌우로 던지는 작업을 하지 않아도 됩니다. 바로 달걀을 고깔모자 위에 올려 집중할 수 있게 됩니다.

한편 '열심히 해', '좋았어' 등 기분을 호전시키는 말이 눈에 들어오면, 기분이 완전히 좋아지지는 않는다 해도, 실제로 기합이 들어간다는 사실은 증명되었습니다. '필승 합격', 'OO대학 합격' 등의 목표를 책상 앞에 붙여 두면 도움이 됩니다.

4

밤샘 벼락치기가
성적을 위협한다

우리가 흔히 벼락치기라 부르는 공부법을 기억 연구계에서는 '집중集中 학습'이라고 부릅니다. 단번에 모든 공부를 몰아서 하기 때문에 '집중'이라는 단어가 사용됩니다. 이와 반대로 매일 꾸준히 하는 공부를 '분산分散 학습'이라고 부릅니다. 여기서 분산이란 주의력이 산만하여 집중하지 못한다는 의미가 아니라, 시간을 조금씩 나누어 공부한다는 의미입니다. 그렇다면 집중 학습과 분산 학습 중 어느 쪽이 더 효율적일까요? 이를 알아보기 위해 다음과 같은 실험을 했습니다.

벼락치기가 결국 실패하는 이유

실험 대상자를 분산 학습 그룹과 집중 학습 그룹으로 나눈 뒤 단어 조합을 외우도록 했습니다. 학습 시간은 둘 다 같았습니다. 다만 집중 학습 그룹은 시험 하루 전날에 모든 단어를 한꺼번에 외웠고, 분산 학습 그룹은 이틀간 나눠 공부했습니다. 두 그룹의 점수는 어떻게 나왔을까요?

놀랍게도 두 그룹의 시험 점수는 별 차이가 없었습니다. 다시 말해, 두 경우 모두 성적을 얻기에는 좋은 전략이었죠. 그런데 중요한 것은 다음 날 예고 없이 진행한 두 번째 시험입니다. 이때는 확연한 점수의 차이를 확인할 수 있었습니다. 시험 준비를 못해 두 그룹 모두 낮은 점수가 나왔으나, 점수의 하락 폭에서는 차이가 있었습니다. 분산 학습 그룹의 경우 잊어버리는 속도가 느렸으나, 단번에 지식을 축적한 집중 학습 그룹은 잊어버릴 때도 단숨에 잊어버렸습니다. 분산 학습은 공부와 공부 사이에 수면을 했기 때문에 그때그때 기억이 정착된 것으로 여겨집니다.

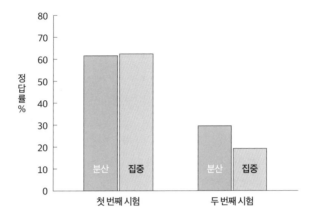

그런데 '첫날 본 시험에서는 차이가 없었다'라는 사실에는 주의가 필요합니다. 왜냐하면, 집중 학습 그룹 사람들은 '난 효율적이야. 시험 직전에 딱 집중적으로 공부해서 매일 착실히 공부한 사람과 같은 점수를 받았으니까'라며 자만에 빠지기 쉽습니다. 표면적으로는 같은 성적일 수 있겠지만, 장기적인 실력이라는 측면에서는 매일 착실히 공부한 분산 학습 그룹이 역시 더 유리합니다.

낮 공부 vs 저녁 공부

주로 아침, 점심, 저녁 언제 공부하나요? 사람의 몸에는 리듬이 있어서 각자 정해진 시간에 세포들이 활동합니다. 하루 동안의 생활 리듬을 '24시간 주기 리듬'이라고 부르는데, 뇌의 시교차상핵視交叉上核이 제어합니다.

아침형 인간, 저녁형 인간 모두 저마다 하고 싶은 말이 많을 것입니다. 하지만 자신이 저녁형 인간이라 저녁에 잘된다고 해도 시험은 낮에 이루어진다는 사실을 잊지 말아야 합니다. 한밤중에 공부하는 습관이 있다면 시험 때마다 생체리듬을 한낮으로 바꿔야 합니다. 마치 해외여행에서 시차 적응을 하는 것처럼요.

이런 관점에서 시험 공부는 될 수 있으면 한낮에 하는 것이 좋습니다. 이 점은 주말을 보내는 방법에도 영향을 미칩니다. 예를 들면 휴일에는 늦잠을 자는 사람들이 많지만 이런 행동은 우리 몸과 뇌를 새로운 생체리듬에 적응하게 만들어 괴롭히는 행위입니다. 그러니 휴일에도 평일과 같은 시각에 일어나는 게 좋습니다. 졸음을 참을 수 없다면, 낮잠을 자는 쪽이 낫습니다.

바이오리듬은 하루 단위뿐 아니라 주 단위, 월 단위, 연 단위 등 여러 종류가 있습니다. 일주일 단위의 리듬으로 말하면, 공부 효과가 가장 높은 시기는 금요일과 토요일이라는 보고가 있습니다. '금요일 효과'라고 부르는 현상인데 이유는 아직 과학적으로 설명할 수 없습니다.

5

수면 직전은
기억의 황금시간대

공부하기 좋은 시간대를 고르라면 아침과 저녁 중 어느 쪽을 고를까요? 아침에 공부한 그룹과 밤에 공부한 그룹이 시간이 지나면서 어떻게 기억을 잃는지 알아보기 위해 망각 속도를 비교했습니다. ① 외운 직후, ② 12시간 후, ③ 24시간 후, 총 세 번에 걸쳐 각각 시험을 시행했습니다.

아침에 공부한 그룹은 12시간 후인 밤에 시행한 시험을 쳤을 때 성적이 꽤 낮았습니다. 낮에 여러 가지를 경험했을 것이니, 아침의 기억이 선명하지 않을 수 있죠. 그리고 24시간 후인 아침 9시에 시험을 치니 점수가 약간 올랐으나 너무나도 미미했습니다.

밤에 공부한 그룹은 학습 직후에 바로 잠을 잤습니다. 그
런 뒤 실시한 시험에서 즉각적인 점수 향상 효과를 발견할
수 있었습니다. 아침에 공부한 그룹은 절대 도달할 수 없었
던 점수입니다.

• 자기 전에 한 공부는 오래 남는다 •

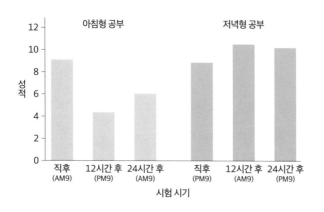

다시 말해, 무언가를 외웠다면 잊어버리기 전에 잠을 자
야 합니다. 꼭 지켜야 할 철칙입니다. 그러므로 기억에 관
한 아침형 인간보다 저녁형 인간이 효과적입니다.

하지만 저녁형은 밤샘과는 다르므로 주의하기 바랍니다.
저녁형은 매일 정해진 시간에 잠을 자야 한다는 사실에 유

　　　　　　　최적의 공부 뇌

넘해야 합니다. 따라서 중요한 것은 어디까지나 취침 전에 공부를 해야 한다는 것입니다. 잠자리에 들기 한두 시간 전이 뇌에게는 기억의 황금시간대입니다. 저도 밤에 자기 전에 꼭 일하는 습관을 지니고 있습니다.

6

뇌에 최적화된
스터디 플랜

지금까지 말한 수면의 효과나 사자 공부법을 근거로, 저 나름의 하루 공부 계획을 세워보았습니다. 지금까지 배운 것을 복습한다고 생각하고 같이 볼까요?

1. 식사 직전 공복에 공부한다.

2. 취침 전에 공부한다.

3. 점심 식사 후나 저녁 식사 후에는 배가 부르니 공부하지 않는다. 독서나 TV 시청, 게임 등 취미 생활을 한다.

4. 오후 시간대에 너무 졸리다면 과감하게 낮잠을 잔다.

5. 혹 낮잠을 자기로 마음먹었다면 직전에 공부를 한다.

공부할 과목에 대해서도 생각해봅니다. 잠자리에 들기 전에는 특별히 암기가 필요한 과목을 공부하는 것이 유리합니다. 그러므로 사회나 생명과학 공부 혹은 영어단어 외우기 등을 추천합니다. 오전은 정신이 가장 깨어 있는 시간대입니다. 이러한 시간대에는 논리력이나 사고력이 요구되는 과목, 예를 들면 수학이나 국어, 물리, 화학 등을 추천합니다. 또 잠에서 깬 후 얼마 지나지 않은 시간대에는 암기 과목을 제외한 과목이나 일반적인 복습을 권합니다.

그럼 몇 시간을 자야 할까?

사람들은 적절한 수면 시간에 대해 궁금해합니다. 그러나 적절한 수면 시간은 개인차가 크기 때문에 한마디로 뭐라고 단정할 수는 없습니다. 6~7시간 반 정도가 평균이지만 3시간만 자고도 멀쩡한 사람이 있으며, 10시간을 자야만 하는 사람도 있습니다. 이런 개인차는 아무래도 유전의 영향이 크며 노력만으로는 쉽사리 바꾸기 힘듭니다.

많은 사람이 '가능한 한 많이 자고 싶다'라는 소망을 늘 가지고 있는 듯합니다. 그래서 이상적 수면 시간을 물으면 저는 조금 길게 대답하는 경향이 있습니다. 다만, 수면의 달콤한 유혹을 뿌리치고 자신에게 어느 정도의 수면 시간이 정말 필요한지 정확히 검증하는 일은 효과적인 공부 계획을 세우기 위해 중요합니다. 저 역시 학생 시절에는 8~10시간 정도 자야만 머리가 돌아간다고 강하게 믿었습니다. 그런데 어느 날 실험해보니 5시간 정도만 자도 괜찮다는 사실을 깨달았습니다.

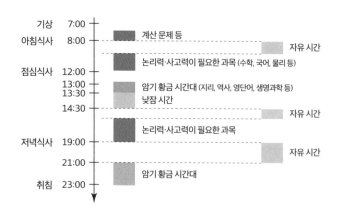

· 효율적인 공부 계획표 ·

기상	7:00	계산 문제 등
아침식사	8:00	자유 시간
		논리력·사고력이 필요한 과목 (수학, 국어, 물리 등)
점심식사	12:00	
	13:00	암기 황금 시간대 (지리, 역사, 영단어, 생명과학 등)
	13:30	낮잠 시간
	14:30	자유 시간
		논리력·사고력이 필요한 과목
저녁식사	19:00	
		자유 시간
	21:00	
		암기 황금 시간대
취침	23:00	

배경음악의 효과

배경음악은 공부에 도움이 될까요? 방음벽에 둘러싸여 아무 소리도 없는 공간에 놓이면, 동물은 보통 집중력을 잃고 학습 능력이 즉시 떨어집니다. 들릴 듯 말 듯 작은 소리가 없으면 사람을 포함한 동물들은 능력을 충분히 발휘하지 못합니다. 너무 조용한 도서관에 가면 안절부절못하는 사람들이 있는데, 그것 또한 무음無音 효과 때문입니다.

배경음악은 정신적 긴장감을 완화하고, 무료함을 줄여주며, 피로감을 덜어주는 효과가 있습니다. 특히 단순 작업을 할 때는 배경음악이 집중력을 높이는 효과를 발휘합니다. 그렇다고 배경음악을 남발하는 것도 좋지 않습니다. 어려운 문제를 풀거나, 고도의 판단력이 필요할 때에는 집중력을 떨어트릴 수 있습니다.

배경음악의 효과는 사람마다 차이가 있습니다. 평범하게 음악을 좋아하는 사람이면 좋은 효과를 기대할 수 있습니다. 하지만 음악을 광적으로 좋아하는 사람에게는 역효과를 불러일으키며, 무관심한 사람에게는 거의 영향을 미치지 못합니다. 그러므로 일단은 암기와 같은 단조로운 작업을 할 때 배경음악을 틀어보고 자신에게 어떤 효과가 있는지 확인해보길 바랍니다.

혹시 배경음악 덕분에 공부가 더 잘 되는 경험을 했다면, 비슷한 학습을 할 때 같은 곡을 사용하는 것이 더욱 도움이 될 것입니다. 이것이 조건반사로 작용하여, 시험 도중에 학습 내용을 떠올리게 해주는 실마리 역할을 할 수 있습니다.

바이오리듬과 성적이 관련 있을까요?

시간에 쫓기지 않고 조용히 공부할 수 있는 밤이 좋아 저녁형 공부를 즐겨 했습니다. 그런데 수능 시험은 아침부터 오후까지 치러지기 때문에, 큰맘 먹고 아침 일찍 일어나 공부하는 아침형으로 공부 습관을 바꿨습니다. 처음에는 약간 졸렸지만 차가운 물로 세수하고 물을 한 잔 마시고 공부를 시작하는 습관을 들였습니다.

시간이 지나면서 새로운 바이오리듬에 몸도 머리도 익숙해져 공부가 잘되었습니다. 수능 일주일 전에는 같은 요일 같은 시각에 맞춰 시험 장소까지 가보기도 했습니다. 입시 당일 가능한 한 쓸데없는 일에 신경을 쓰지 않으려고요.

사람에게는 제각각 바이오리듬이 있다고 들었습니다. 입시에 붙고 떨어지는 것은 실력보다 의외로 그 사람의 바이오리듬과 더 큰 관련이 있는 것이 아닐까요? 바이오리듬이 가장 좋을 때 시험을 보면 성적이 좋고, 가장 나쁠 때 시험을 보면 나쁜 것이 아닐까 하는 생각을 해보았습니다.

- 고3 학생

바이오리듬은 매우 중요합니다

바이오리듬의 존재는 과학적으로도 증명된 바 있습니

다. 스포츠를 보면 더 잘 알 수 있습니다. 아무리 우수한 선수라도 슬럼프는 있게 마련입니다. 바이오리듬은 상태가 좋을 때와 나쁠 때를 구분 짓는 파장입니다. 바이오리듬의 파波는 대개 주기적으로 반복됩니다.

바이오리듬은 한 종류가 아니라 짧은 주기와 긴 주기 등 여러 가지로 나뉩니다. 눈 깜빡임이나 심장박동, 호흡 같은 초 단위 리듬, 아침에 일어나 밤에 자기 전까지의 하루 단위 리듬, 생리 주기 같은 한 달 단위 리듬, 가을에는 식욕이 왕성해지는 등의 1년 단위 리듬이 있습니다. 더 나아가 수년간 이어지는 장기 리듬의 존재도 확인되었습니다. 그중 몇 가지에 관해서는 뇌 메커니즘이 설명해주기도 합니다.

모든 리듬의 절정기가 겹치는 순간 사람은 평소보다 강력한 능력을 발휘하기도 합니다. 올림픽 출전 선수들은 4년에 한 번 열리는 대회에서 자신의 여러 가지 바이오리듬의 절정기를 맞추기 위해 훈련을 거듭합니다.

자신의 바이오리듬을 잘 파악하고 있으면 좋습니다.

공부에서 특히 중요한 바이오리듬은 말할 필요도 없이 24시간 주기 리듬입니다. 이 리듬이 시험 시간대와 제대로 맞지 않으면 실력을 발휘하지 못하고 시험이 끝나버리는 비극이 일어날지도 모릅니다. 24시간 주기 리듬은 아침에 재설정됩니다. 따라서 이 리듬이 엇나간 상태라면, 아침에 일어나서 차가운 물로 얼굴을 씻거나 태양 혹은 밝은 형광등 불빛을 쬐면서 제대로 재설정하기 바랍니다.

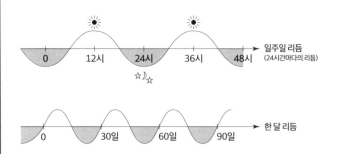

• 주기별로 나뉘는 바이오리듬 •

또 시험을 치기 일주일 전에 같은 요일 같은 시각에 맞춰 시험 장소까지 가본 것은 바이오리듬과 관계없기는 하지만, 뇌의 예측기능을 이용한 좋은 작업입니다. 이처

럼 예행연습을 함으로써 뇌는 무의식중에 행동을 미리

설정하여, 시험 당일에 시험 이외의 요인으로부터 받을

정신적 스트레스를 줄일 수 있었을 것입니다.

드디어 공부의 목적을 찾았어요

어린 시절부터 어머니는 "어떤 수업도 성실하게 들으렴. 그러지 않으면 선생님에 대한 예의가 아니야"라고 말씀하셨고, 이 말이 옳다고 믿어왔습니다.

그런데 고2 때 처음으로 '난 지금까지 무엇을 위해 공부한 걸까?'라는 생각을 했습니다. 그로부터 반년간 공부에 집중할 수 없었습니다. 전국 모의고사에서 좋은 등급을 받거나, 명문 대학에 합격하려고 필사적으로 공부하는 친구가 부럽게 느껴졌습니다. 하지만 눈앞의 목표보다 더 본질적인, 공부하는 목적 자체를 잃은 제게는 이전 같은 열정이 생기지 않았습니다.

그러다 얼마 전 학교에서 직업적성검사를 해보았습니다. 그 결과, 저는 차분하게 앉아 무언가에 몰두하는 연구직에 잘 맞다고 나왔습니다. 직업으로 삼으면 좋겠다고 생각하던 분야가 적성에 맞다는 결과를 보자, 제 특성을 발휘할 수 있는 직업이 있고 지금 하는 공부는 직업의 기초를 다지는 작업이라는 생각이 들어, 긴 슬럼프에서 탈출할 수 있었습니다.

– 고2 학생

슬럼프 탈출을 축하합니다

　이미 연구직에 종사하는 저는 그런 목표를 향해 노력하는 학생의 모습에서 큰 기쁨을 느낍니다. 고등학교 2학년은 참 애매한 시기라서 학생들은 여러 측면에서 인생에 관한 가치나 의미를 생각합니다. 저도 그랬습니다.

　그런 사색기思索期는 유년기에서 벗어나 자아를 확립하는 중요한 정신적 과정일지 모릅니다. 하지만 현재나 미래에 대한 절망적인 생각 때문에 의욕을 잃어버리는 학생도 있습니다. 체험담처럼 인생의 목표를 발견한 경우는 아주 좋은 경우죠.

　달리 말하면, 고2라는 불안정한 시기는 학력 차이가 가장 큰 시기이기도 합니다. 혹시 '나는 무엇을 위해 공부하는가'라는 질문이 생긴다면, 책 말미의 글을 읽어 주기 바랍니다.

제5장

정답을 찾아내는
공부 뇌

1

실패와 반복으로
완성되는 공부

지금부터 동물의 뇌가 가지고 있는 기본적인 성질을 알아보고, 그에 맞는 최상의 공부법을 생각해보겠습니다.

다윈이 주창한 진화론을 알고 있나요? 진화론은 간단히 말하자면 사람은 신이 만든 창조물이 아니라 원시적 동물에서 조금씩 진화하여 고도의 동물로 성장했다는 학설입니다. 다윈에 의하면 미생물, 곤충, 사람 등 모든 생물은 같은 기원이 있습니다.

뇌도 마찬가지입니다. 뇌도 처음에는 곤충과 같은 작은 동물 속에서 만들어져, 차츰 복잡한 기능이 첨가되고 크기도 커지면서 최종적으로 사람의 뇌가 되었습니다. 사람의 뇌도 기원을 더듬어 올라가면, 더 원시적인 동물의 뇌 속에 원형이 남아 있다고 할 수 있습니다. 다시 말해, 사람의 뇌의 본질은 동물의 뇌 속에 있습니다.

동물이나 곤충의 뇌는 사람의 뇌보다 단순합니다. 다시 말해 동물의 뇌는 생명 유지를 위해 꼭 필요한 부분이 뇌 기능의 대부분을 차지하고 있습니다. 그러므로 동물의 뇌를 제대로 관찰하면, 사람의 뇌로는 잘 관찰할 수 없었던 뇌의 본질을 찾을 수 있습니다.

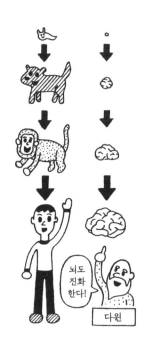

반대로 사람의 뇌에는 생명 유지와는 직접적인 관련이 없는 고도의 능력 즉, '장식적인 부분'이 많아 뇌의 본질이 가려져 있습니다. 사람의 뇌를 보기만 해서는 실체를 이해하기 힘듭니다. 그래서 연구자들은 사람 이외의 동물을 연구했습니다. 지금부터 개의 학습을 통해

최적의 공부 뇌

뇌의 본질을 알아보죠.

개는 어떻게 학습할까?

개를 키워본 사람은 알겠지만, 이 동물은 꽤 영리해 복잡한 단계를 학습할 수 있습니다. 하지만 개에게 어떤 행동을 학습시키려면 일정한 보상이 필요합니다. 먹이를 주거나, 산책에 데려가거나, 쓰다듬는 등 개가 좋아할 보상 말이죠. 아래 실험에서는 먹이를 보상으로 과제를 내보았습니다.

먼저 개에게 TV 화면을 보여줍니다. 화면 아래에는 단추가 있습니다. 화면에 동그라미 도형이 나타났을 때 단추를 누르면 맛있는 먹이를 얻을 수 있습니다. 사람에게는 너무나 간단한 장치이지만, 개에게는 약간 어려운 과제입니다. 먹이를 얻기 위한 과정을 말로 설명해줄 수 없으니까요. 그렇기 때문에 뇌 학습의 본질을 더 잘 발견할 수 있습니다.

자, 실험에 사용된 개는 어떻게 보상을 받을까요? 개가 학습하는 과정을 관찰함으로써 재미있는 기억의 비밀이 밝혀집니다. 개의 세계는 사람 같은 고도의 문명이 발달하지 않았습니다. 물론 TV 화면은 태어나 처음 보는 신기한 물체입니다. 눈앞의 단추 역시 어떤 의미가 있는지 모릅니다. 아니, 애초에 단추를 누르는 행위 자체를 모릅니다. 게다가 모니터에는 돌연 동그란 도형이 나타났다가 사라집니다. 그야말로 황당 그 자체입니다.

그러다 단추를 눌러봤더니 맛있는 먹이가 나왔습니다. 정말 단순한 우연이었습니다. 그런데 그 우연이 반복되자, 개는 '단추를 누른다'와 '먹이를 얻는다' 사이에 관계가 있음을 깨닫습니다. 여기까지가 학습의 첫 번째 단계입니다.

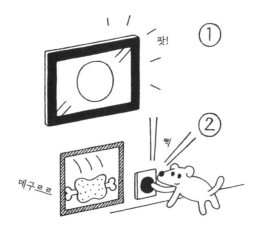

다시 말해 학습이란 '사물의 관련성을 습득하는 행위'입니다. 지금까지 독립적으로 발생했던 현상이 머릿속에서 관련

있는 행위로 연결됩니다. 그것이 학습의 정체입니다. 이 과제는 단추와 먹이의 관계이지만, 영어단어 암기도 마찬가지입니다. 'go=가다'처럼 영어와 한국어의 결합을 이루는 행위야말로 학습입니다.

자, 학습의 첫 단계를 통과한 개는 다음으로 어떤 행동을 취하였을까요?

단추와 먹이의 관계를 깨닫자, 개는 먹이를 얻기 위해 단추를 몇 번이고 마냥 누르기 시작했습니다. 그러나 단추를 누른다고 해서 언제나 먹이를 얻지는 못했습니다. 왜냐하면, 이 장치는 화면에 동그라미 도형이 없을 때는 아무리 단추를 눌러도 먹이가 나오지 않게 되어 있기 때문입니다. 개는 몇 번이나 실패를 거듭하면서 어느 순간 이 사실을 깨닫습니다.

결국 개는 화면에 나타나는 동그라미 도형과 단추의 관계를 깨닫고 과제를 온전히 이해하게 됩니다. 기억하기까지 몇십 번, 몇백 번이나 시행착오를 거듭한 결과 화면의 동그라미와 단추의 관계를 깨닫는 것입니다. 갑자기 성공하는 경우는 절대 없습니다. 실패한 원인을 궁금해하고 그 해결

책을 생각하면서 답을 도출해내는 것입니다.

실패해야 성공할 수 있다

다시 말해 한 가지 성공을 이루려면 그만큼 많은 실패가 필요합니다. 많은 실패가 없으면 올바른 기억도 없습니다. "실패하지 않는 사람은 아무것도 하지 않는 사람이다"라는 에드먼드 펠프스의 말처럼, 기억은 실패와 반복에 의해 형성되고 강화됩니다.

여러분의 공부도 똑같습니다. 반복, 다시 말해 복습이 중요하다는 사실은 이미 언급했습니다. 그와 동시에 실패 역시 중요합니다. 문제를 잘못 풀거나, 섣불리 판단해 실수를 저지르고, 시험에서 나쁜 점수를 받는 실패들 말이죠. 실패하면 그때마다 다른 대안을 생각하고, 또 실패하면 또 해결책을 생각하면 됩니다. 실패 횟수가 많으면 많을수록 기억은 정확하고 확실해집니다. 어쩌다가 우연히 계속 시험에서 좋은 점수를 받는 것은 여러분에게는 실제로 아무런 이득이 남지 않습니다. 그러므로 혹시 성적이 좋지 않더라도 고민할 필요는 없습니다. 손해보다는 오히려 이득이라고 생각할 만큼 충분한 가치가 있습니다.

만약 실패했다면 '왜 실패했을까?'라는 의문을 통해 그 원인을 찾고 해결책을 생각하는 자세가 중요합니다. 개들도 실패하면 고민하거나 괴로워하지 않고 언제나 다음 수단을 생각합니다. 그 자세야말로 더 빨리 정답에 도달하는 비결입니다.

실패를 거듭하며, 그때마다 해결책을 찾는 '소거법消去法'을 통해 자신을 조정해가는 것이 뇌의 진정한 모습입니다. 그러므로 공부를 꾸준히 해나가기 위해, 반성을 효과적으로 활용하고 낙천적인 태도를 겸비하기 바랍니다.

외부 발생적 동기 부여

물개나 원숭이 같은 동물이 재주를 부리게 하려면 먹이라는 보상을 줍니다. 이러한 보상을 심리학에서는 '외부 발생적 동기 부여'라고 명명합니다.

외부 발생적 동기 부여는 학교 공부에도 사용됩니다. "네가 가장 못하는 수학에서 80점 이상을 받으면 좋아하는 걸 사줄게"라는 부모의 말을 듣고 열심히 공부하는 사람이 있고, "시험이 끝나면 놀이공원에 갈 거야!"라며 스스로 사기를 북돋는 학생도 있습니다.

이러한 방법에 대해 누군가는 동기가 불순하다며 비난하지만, 심리학적 측면에서는 유효한 수단이라는 인식이 널리 퍼져 있습니다. 실제로 외부 발생적 동기 부여가 없으면 학습 능력이 현저히 떨어진다는 사실을 확인하였으며, 동물은 전혀 학습하지 못한다는 사실을 알게 되었습니다.

외부 발생적 동기 부여의 보상은 물건이나 돈 등 꼭 눈에 보이는 것일 필요는 없습니다. 무언가를 해냈다는 성취감 또한 외부 발생적 동기 부여입니다. 예를 들면 목표를 달성한 순간 느끼는 기쁨은 보상으로서 충분한 가치가 있습니다.

그러므로 공부를 할 때 꼭 학습 목표를 세워야 합니다. 많은 사람이 "목표는 높게 세우는 편이 좋다"라고 하지만 목표가 너무 높으면, 보상을 얻는 횟수가 적거나, 달성하지 못하고 오히려 좌절감만 맛볼 수 있습니다. 그러니 큰 최종 목표 외에도 작은 목표 즉, 달성 가능한 목표를 병행하세요.

2

뇌가 소거법에
최적화된 이유

　　뇌는 왜 소거법에 최적화되어 있을까요? 그 이유를 설명
하려면 조금은 어려운 이야기를 시작해야 합니다. 제1장에
서 설명한 것처럼 뇌와 컴퓨터 모두 정보를 보존(기억)할 수
있습니다. 둘 사이에는 램이나 하드디스크처럼 몇 가지 공
통점이 존재합니다.

　　하지만 개의 학습 실험을 통해 여러분이 알게 된 뇌의 성
질은 컴퓨터와 꽤 다릅니다. 왜냐하면, 컴퓨터는 한 번의 기
억으로 완벽하게 학습합니다. 그리고 컴퓨터는 입력된 문장
이나 그래픽, 게임 데이터 등을 한 번 저장하면 제대로 보존

합니다. 게다가 틀리게 저장하는 경우도 없습니다.

개가 실험에서 겪은 문제 정도는 컴퓨터라면 간단히 풀 수 있습니다. 예를 들어 로봇에 내장된 컴퓨터 프로그램에 '화면에 동그라미가 나오면 버튼을 누르시오'라고 지령을 내리기만 하면, 개처럼 시행착오를 겪지 않고도 바로 임무를 완수합니다. 실수는 없습니다. 겨우 한 번의 학습으로 정답을 완벽히 기억하는 것입니다.

아날로그 신호로 되어 있는 시냅스

조금 전문적인 지식이라 어렵겠지만, 뇌의 신경회로와 컴퓨터 전기회로의 차이를 확실히 알아볼까요? 앞서 언급한 것처럼 컴퓨터는 모든 정보를 0과 1의 디지털 신호로 전환하여 처리합니다. 그리고 모든 정보를 빠짐없이 보존할 수 있습니다. 입력한 그대로 보존하기 때문에 흑이나 백이냐, O냐 X냐, 절대 틀릴 일이 없습니다. 반면에 사람의 뇌는 곧잘 잊어버릴 뿐 아니라 판단이 애매하며 답을 늘 헷갈립니다. 뇌와 컴퓨터는 정보처리 방법이 다르기 때문이죠. 이제부터 그 구조를 설명하겠습니다.

최적의 공부 뇌

뇌의 신경회로 속을 흐르는 것은 컴퓨터와 같은 전기신호입니다. 하지만 컴퓨터 신호는 전자의 흐름인 데 비해, 신경신호는 이온(나트륨이온)입니다. 그러나 둘 다 디지털 신호이기 때문에 발신지의 정보가 전파 도중에 변하지 않는다는 점은 같습니다.

하지만 지금부터는 둘 사이에 약간의 차이가 생깁니다. 사람의 신경세포들 사이는 신경섬유 회로가 만들어져 있는데, 각각의 신경섬유는 물리적으로는 닿아 있지 않습니다. 신경회로는 전기회로와 달리, 회로 전체가 연결된 연결체가 아니라, 섬유와 섬유 사이에 작은 틈이 있습니다.

그러므로 섬유를 타고 온 전기는 그 이음매에서 다음 신경세포로 옮겨 가야만 합니다. 마치 서울에서 울릉도까지 한 번에 갈 수 없어 강원도에서 여객선으로 갈아타야만 하는 원리와 같습니다. 그 환승지를 시냅스synapse라고 부릅니다. 시냅스의 간격은 머리카락의 5,000분의 1 정도지만 떨어져 있으므로 전기가 통하지 않습니다

이 공간은 아세틸콜린이나 글루탐산 같은 화학물질에 의해 전기신호가 변환되어 정보를 전달합니다. 그 과정에서

만약 전기신호가 약하면 화학물질이 조금밖에 방출되지 않는 등의 변환이 이루어집니다. 다시 말해 시냅스는 디지털 신호가 아니라 아날로그 신호로 되어 있는 것입니다. 컴퓨터처럼 모두 0이나 1의 디지털 신호로 뭐든 기계적으로 충실하게 신호를 전달하면 좋을 텐데, 불행인지 다행인지 신경 시냅스는 아날로그 신호를 사용하고 있습니다.

• 아날로그 신호를 사용하는 시냅스 •

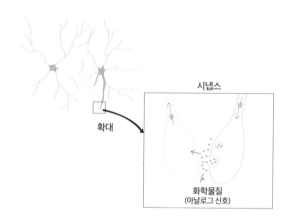

소거법에 최적화된 뇌

이러한 사실 때문에 뇌는 컴퓨터와 달리 신호를 전달하는 강도를 미묘하게 조정할 수 있습니다. 전달받은 바통을 릴

레이선수처럼 그대로 단순하게 다음 선수에게 전달하는 것이 아니라, 전하는 정보량을 자유롭게 선택할 수 있는 것입니다. 그것이 바로 생각의 근원입니다.

한편 아날로그 신호를 사용한다는 사실은 정보가 변할 수 있음을 뜻합니다. 다시 말해 정보가 애매하게 변할 수 있다는 뜻입니다. 이 같은 성질을 가진 뇌는 정답을 도출해내기 위해 시행착오가 필요합니다. 실패하고, 그 원인을 생각하면서 다음 작전을 구상하고, 또 실패하는 상황을 말합니다.

이제 충분히 이해했나요? 뇌의 기억은 아날로그 신호를 기반에 두므로 한 번에 외우는 것보다 소거법에 더 최적화되어 있습니다. 디지털 신호같이 무미건조하게 정보를 기계적으로 보관하지 않고, '저건 안 돼', '이건 그것과 달라' 하며 계속 잘못된 부분을 제거하면서 최종적으로 정답을 남깁니다. 야생의 세계는 무엇이 기다리고 있는지 예측할 수 없는 곳입니다. 무엇이 정답인지도 모르는 동물들의 생활에서 아날로그적인 소거법이 합리적인 방법입니다. 사람이 행하는 학습 또한 마찬가지입니다. 공부에 필요한 요소는 다음과 같습니다.

1. 실패에 굴하지 않는 근성

2. 해결하려는 노력

3. 낙천적인 성격

여기까지 읽고 실망하는 분들도 있을지 모릅니다. "뭐야, 뻔한 소리잖아?"라며 말이죠. 유감스럽지만 바로 그렇습니다. 하지만 실망하기에는 아직 이릅니다. 개의 학습을 촉진하는 방법, 즉 효율적인 공부법이 있습니다.

시험 시간에 집중력을 유지하는 법

여러분은 얼마나 집중할 수 있나요? 보통 30분에서 60분 정도라고 답할 것입니다. 수업시간이나 시험시간이 그 시간보다 길어지면, 집중력은 도중에 끊어집니다. 일반적으로 어떤 작업을 수행할 때에, 처음과 끝에 특히 집중력이 높아진다고 알려져 있습니다. 이 현상을 각각 '초두初頭 노력', '종말終末 노력'이라고 부릅니다. 다시 말해 시험 시작 직후에 문제 처리 능력이나 집중력이 상승합니다. 하지만 그사이에는 집중력이 끊어져 깜빡하면 시간을 낭비하기 쉽습니다. 이래서는 성적 상승을 바라기 힘듭니다.

긴장감을 유지하기 위한 비책 중 하나는 시험시간을 전반과 후반으로 나눠 사용하는 것입니다. 예를 들어 시험시간이 60분이면, 시험이 전반 30분과 후반 30분으로 나눠 진행된다고 생각하는 거죠. 그렇게 하면 초두 노력과 종말 노력이 시험 전·후반에 각각 두 번씩 나타납니다. 평소라면 집중력이 끊어지는, 시작 30분이 지나간 시점에도 종말 노력이 일어나 집중력이 향상되는 것이죠. 또 후반을 시작한 지 얼마 안 되는, 30분이 경과한 시점도 초두 노력에 의해 집중력이 향상됩니다. 이처럼 시험시간을 스스로 나누면 집중력을 효과적으로 분배할 수 있습니다.

3

급할수록 반드시
공부 순서를 지켜라

개에게 더 빠르게 과제를 학습시키는 비결은 무엇일까요? 간단합니다. 가르치는 순서를 나누는 것입니다. 요컨대 학습을 단계별로 나누어 조금씩 익히게 하는 방법입니다. 이전에도 말한 것처럼 갑자기 TV 앞에 개를 앉히고 화면에 표시된 동그라미를 보여주며 먹이와의 관계를 학습시키는 것은 간단하지 않습니다. 수백 번 시행착오를 거치는 개도 있습니다.

왜 그럴까요? 그것은 이 과제에는 다음의 두 가지 인과관계가 존재하기 때문입니다.

① 단추를 누르면 먹이가 나온다.

② 도형이 나타나면 단추를 누른다.

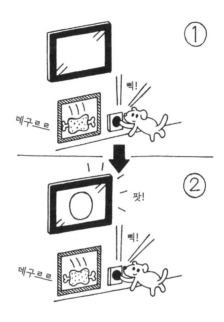

앞서 '학습이란 사물의 관련성을 습득하는 행위'라고 설명했습니다. 즉, 독립적인 현상을 연결 짓는 행위입니다. 그리고 개가 맞닥뜨린 과제는 이 두 가지 관계를 동시에 학습하는 것이었죠. 개에게는 너무나도 어려운 과제입니다. 그래서 개가 빠르고 효과적으로 학습하기 위해서는 순서를 나누어서 한 가지씩 주의 깊게 가르쳐야 합니다.

먼저 화면에 동그라미 표시와 상관없이, 단추를 누르기만 하면 먹이가 나오도록 기계를 설정한 뒤, 이 과제를 개가 완전히 익히게 합니다. 그후 화면에 동그라미가 나올 때만 먹이가 나오도록 설정을 바꾸고, 화면의 동그라미와의 관계를 다시금 여유 있게 기억시킵니다. 이렇게 하면 학습이 현저히 빨라집니다.

두 가지 관계를 동시에 학습하지 않고 하나씩 단계별로 나누어 학습하는 것이 언뜻 보기에 시간 낭비처럼 보이지만 실제로는 학습 효과가 월등히 높아집니다. 이 실험의 경우에는 완전히 익히기까지의 실패 횟수가 10분의 1로 줄어들었습니다. 겨우 한 가지 단계를 분리해 외우도록 한 것뿐인데, 효과가 무려 10배나 증가했습니다.

학습 순서를 단계적으로, 스몰 스텝

이 방법은 학교 공부에도 응용할 수 있습니다. 아무리 비효율적으로 느껴지더라도, 학습 순서를 제대로 밟는 편이 결과적으로는 실패 횟수를 줄입니다. 갑자기 높은 수준의 공부에 손을 뻗지 마세요. 기초를 제대로 몸에 익힌 뒤 조금

최적의 공부 뇌

씩 난이도를 높여야 최종적으로는 훨씬 빠르게 습득할 수 있습니다.

이처럼 순서를 나누어 외우는 방법을 스몰 스텝small step 이라고 합니다. 단계를 나누면 나눌수록 효과는 배가됩니다. 개는 겨우 두 단계로 나누고도 10배의 성과를 얻었습니다. 더 잘게 나눌 수 있다면 그 효과는 가늠할 수조차 없을 것입니다.

실제로 교과서는 기초부터 응용까지 자연스러운 단계들로 연결되어 있습니다. 하지만 서점에서 파는 참고서에는 사용하는 학생에 따라 다양한 난이도의 문제들이 있으니 주의해야 합니다. 1학년이 갑자기 수험생용 참고서를 풀려는 행위는 무모할 뿐입니다. 급할수록 돌아가라는 말이 있습니다. 빨리 더 높은 난이도의 지식을 배우고 싶은 마음은 이해하지만, 그것은 절대 효과적인 공부법이 아닙니다. 오히려 시간을 낭비하는 방법일 뿐입니다.

스포츠와 악기도 마찬가지입니다. 무언가 새로운 것을 배우려면 꼭 순서를 지켜야 합니다. 축구공을 차본 적이 없는데 갑자기 오버헤드킥부터 연습한다면, 기술을 터득하기까지 많은 시간이 걸릴 것입니다. 오히려 부상을 입어 몇 달 동안 실력의 변화가 없을 수도 있습니다. 내가 지금 어디까지 가능한지, 어디부터 불가능한지 정확하게 파악하고, 약점을 조금씩 극복하기 위한 마음의 준비를 해야 합니다.

"인간의 가장 위대한 힘은 그 사람의 가장 큰 약점을 극복하는 데서 생겨난다"라는 데이비드 레터맨의 말처럼 무엇보다, 자신의 실력부터 제대로 확인해야 합니다. 만약 수학을 못해 실력이 아직 초등학생 수준이라면, 고등학생용 교과서나 참고서를 사용해 공부를 한다고 해도 무슨 내용인지 전혀 이해하지 못할 것입니다. 그리고 아무리 노력해도 수학 성적은 거의 오르지 않을 것입니다. 이럴 땐 고등학생으로서의 자존심을 버리고 초등학생용 산수 학습지부터 풀어야 합니다. 그래야만 공부 시간을 조금이라도 줄일 수 있으며 학습 시간에 걸맞은 성과를 얻을 수 있습니다.

먼저 자신의 약점을 파악하고, 그 약점을 조금씩 극복하세요. 목표를 멀리서 바라보며 조바심만 키워서는 안 됩니다. 항상 스몰 스텝을 염두에 두도록 합시다. 영국의 평론가 토머스 칼라일은 "우리가 해야 할 중대한 일은 멀리 있는 불

확실한 일이 아니라, 아주 가까이 있는 확실한 일이다"라고 말했습니다. 큰 목표뿐 아니라 달성하기 쉬운 작은 목표를 설정해, 조금씩 전진하는 것이야말로 뇌에 좋은 방법입니다. 무엇이든 한 걸음씩 나아갑시다.

지푸라기 대신 벽돌로 집을 지어라

앞서 신경세포의 시냅스는 다음으로 보낼 정보의 양을 바꿀 수 있다고 설명했습니다. 뇌는 컴퓨터처럼 입력된 정보를 고스란히 보내거나 저장하는 것이 아니라, 비슷한 것을 외우기 위해 비슷하지 않은 것을 삭제해갑니다. 그 때문에 뇌는 컴퓨터와 달리 자주 실수를 범합니다. 정말 인간다운 존재입니다.

'안다'라는 것은 도대체 어떤 상태일까요? '안다'라는 말은 바꿔 말하면 '나누다'라고도 표현할 수 있습니다. 그러므로 "모르겠다, 모르겠어!" 하고 한탄할 여유가 있다면 '나눠야' 합니다. 아는 곳까지 거슬러 올라가 그곳에서부터 다시 도전하세요.

'모르겠다'라는 말은 '나누지 못했다'라는 뜻이기 때문에,

다시 잘게 조각내는 작업을 반복해야 합니다. 스몰 스텝이 최선이며 최단의 방법입니다. 전체적인 상황을 파악하고, 그것을 크게 몇 가지로 나눈 뒤 더욱 잘게 조각내어, 하나하나 순서를 밟아가며 지식을 쌓는 것입니다.

공부는 벽돌을 쌓아 집을 조금씩 짓는 과정과 같습니다. 지푸라기로 만든 집은 바람이 불면 날아가지만, 벽돌로 쌓은 집은 간단히 무너지지 않습니다.

최적의 공부 뇌

작동 흥분 이론

의욕은 공부의 원점이라 말할 정도로 중요한 요소입니다. 앞서 잠깐 언급했듯 심리학자 비네는 지능의 3대 요소를 논리력, 언어력, 열의熱意로 정의했습니다. 열의 다시 말해 의욕을 3대 요소에 포함하다니 놀랍죠? 가끔 부모님이나 선생님이 "의욕만 있으면 잘할 텐데…"라며 아이를 격려하지만 사실 그 말은 결국 "너는 못한다"라는 말과 같습니다. 지능을 이루는 3대 요소 중 하나가 빠져 있음을 적나라하게 지적하는 것이니까요.

의욕은 뇌의 측좌핵에서 만들어집니다. 측좌핵은 직경 1cm 이하의 정말 작은 부위로 뇌의 중심 가까이에 있습니다. 측좌핵을 활동시키려면 어느 정도 자극이 필요합니다. 그러므로 아무것도 하지 않으면 의욕이 생기지 않는 것이 당연합니다. 따라서 의욕이 생기지 않을 때는 일단 책상에 앉아서 뭐라도 해야 합니다. 어떻게든 측좌핵을 자극하면 차츰 의욕이 생겨 공부에 집중할 수 있습니다. 공부는 시작만 하면 절반은 성공이라고 할 수 있습니다.

마지못해 청소를 시작했는데 어느 순간 의욕이 생겨 방을 전부 정리한 경험, 다들 해보지 않았나요? 이러한 현상을 독일 정신의학자 에밀 크레펠린은 '작동 흥분 이론work excitement theory'이라고 불렀습니다. 일단 시작하면 점점 의욕이 생겨 집중력이 향상됩니다. 측좌핵이 눈을 뜨기까지는 어느 정도 시간이 필요하므로 어쨌든 책상 앞에 앉아 공부를 시작하고, 시작했으면 10분은 중단 없이 이어간다는 자세가 중요합니다.

4

실패를 반복할수록
정답에 가까워진다

    컴퓨터는 스몰 스텝이 필요 없습니다. 설령 많은 단계의
복잡한 순서라고 해도 시행착오 없이 한 번의 기억으로 완
전히 습득하니까요. 게다가 극도로 정확하기까지 합니다.
반면 뇌는 실패를 거듭하면서 하나하나 순서를 밟아나가야
합니다.

    컴퓨터의 기억력이 얼마나 대단한지 부럽기까지 합니다.
사람의 뇌가 왜 소거법 같은 멍청한 학습 방법을 사용하는
건지 화까지 납니다. 동물은 진화 과정에서 왜 이런 불완전
한 뇌를 만들었을까요? 이런 비효율적인 뇌의 특성에는 사

실 깊은 이유가 있습니다.

그 이유를 찾기 위해 개의 실험으로 돌아갑시다. 개에게 새로운 과제를 냅니다. 이제 동그라미가 아닌 세모를 표시해보는 거죠. 자, 어떤 결과가 나올까요? 개는 세모를 보자마자 망설임 없이 단추를 누릅니다. 언뜻 보기에는 별다를 것 없는 이 실험 결과 속에 뇌의 본질에 관한 중요한 사실이 숨겨져 있습니다. 개는 화면에 뜬 모양이 동그라미와 세모를 구분하지 않는다는 결론을 내린 것이죠. 어디까지나 화면에 무언가가 표시되는 행위 자체에 반응한 것뿐입니다.

이것이 바로 뇌와 컴퓨터의 가장 큰 차이점입니다. 컴퓨터에게 동그라미와 세모는 완전히 별개의 것입니다. 컴퓨터에 '화면에 동그라미가 표시되면 단추를 누르시오'라고 가르치면, 세모가 표시될 때 반응하지 않았을 것입니다. 기억이 정확하기 때문입니다.

그러고 보니 '손'이나 '앉아'와 같은 훈련을 받은 개는 그 훈련을 받을 때 들었던 음색이 아니더라도, 다른 사람이 '손'이라고 하면 훈련받은 대로 움직입니다. 음색은 크게 중요하지 않습니다. 뇌의 기억은 컴퓨터와 비교할 때에 꽤 엉성

합니다. 동그라미도 세모도 구별하지 않습니다. 일반적으로 기억이란 엄밀한 것이 아니라, 오히려 꽤 애매하고 엉성합니다. 이 점이 바로 뇌 기억의 본질입니다.

기억이 유연해야 살아남는다

뇌 기억의 본질은 애매함에 있습니다. 실제로 개는 실험에서 동그라미와 세모도 구분하지 못했습니다. 하지만 관점을 바꾸면, 오히려 구별할 필요가 없었기 때문에 굳이 구별하지 않았다고 해석할 수 있습니다. 학습 과정에서 세모를 제거해야 한다는 사실을 배우지 않았기 때문입니다.

컴퓨터처럼 정답만 외우는 방법이라면, 처음부터 세모는 후보에도 없었을 것입니다. 그러므로 세모가 화면에 나와도 무시했을 것입니다. 컴퓨터는 매우 정확하게 일을 처리합니다. 실수 없이 완벽하게 정보를 처리합니다. 나쁘게 말하면 고지식합니다. 융통성이 없고 틀에 박힌 방식으로 일을 처리합니다.

하지만 먹이를 먹지 않으면 죽을 수 있는 절체절명의 위기 순간에 컴퓨터와 같은 뇌 구조로 되어 있다면 큰일입니다. 개와 같은 뇌 구조라면 먹이를 새로 찾을 수 있겠지만, 컴퓨터와 같은 기억 방법이라면 굶어 죽고 말 것입니다.

이해하였나요? 기억의 애매함은 생명 유지에 실제적인 도움을 줍니다. 생활환경은 시시때때로 변하기 때문입니다. 변화하는 환경 속에서 동물이 살아남으려면 과거의 기억을 근거로, 매 상황에서 임기응변으로 여러 가지 판단을 내리며 생활해야 합니다. 완전히 같은 상황은 두 번 다시 반복되지 않습니다. 혹시라도 기억이 극도로 정확했다면, 그것은 계속 변화하는 환경 속에서 불필요하고 무의미한 지식으로 변해버렸을 것입니다.

그러므로 기억에는 엄밀함보다 오히려 애매함이나 유연성이 필요합니다. 적당히 애매한 기억이 중요합니다. 이러한 유연성이 있으므로 몇 번이고 실패를 거듭해도, 그 경험을 토대로 성공할 수 있는 것입니다. 이것이 우리 뇌에 부여된 존중해야 할 특징입니다.

'비슷한 것'을 기억하기 위해 '비슷하지 않은 것'을 삭제해야 하는, 정말 많은 노력이 필요한 소거법을 뇌가 사용하는 이유는 바로 그 점에 있습니다.

정확하게 사물을 기억하지 못한다고 해서 낙담할 필요 없습니다. 뇌는 본래 그런 것이니까요. 언제까지나 기억에는 분명히 애매한 부분이 남아 있습니다. 작가 푸시킨이 "실패에는 명수名手가 있을 수 없다. 사람은 누구나 다 실패의 앞에서 범인凡人에 불과하다"라고 말한 것처럼, 아무리 학문을 깊이 공부해도 실패를 완전히 없앨 수는 없습니다. 20년 동안 뇌 과학을 전문적으로 공부한 저 역시 매일 실패의 연속입니다.

실패는 부끄러운 일이 아닙니다. 실패를 지나치게 두려워할 필요는 없습니다. 실패하고 후회할 것이 아니라, 실패하고 반성하는 마음가짐이 중요합니다.

기억이 애매해지거나, 때때로 사라져버리는 것은 뇌의 성질상 어느 정도 어쩔 수 없습니다. 바꿀 수 없는 일이라고 체념하기 바랍니다. 컴퓨터처럼 극도로 정확한 뇌는 더는 뇌로서 쓸모가 없습니다. '무엇이든 정확하게 기억하고, 영원히 잊어버리지 않는 뇌가 우수한 뇌'라는 생각은 망상이며 착각에 불과합니다. 인간이란 본래 잊어버리도록, 다른 행동을 하도록 만들어졌습니다. 그 결점을 보완하기 위해 인간은 컴퓨터를 개발한 것입니다.

단 것을 먹으면 똑똑해질까?

세상에는 단 것을 좋아하는 사람들이 많습니다. 달달한 과자를 먹으면 행복해지는 사람, 배 터지게 저녁을 먹고도 디저트 먹을 배는 가지고 있는 사람 등……. 여러분 주위에도 이런 사람들이 있나요? 흔히 말하는 3대 영양소는 탄수화물, 단백질, 지방입니다. 모두 몸에 꼭 필요한 주요 영양소입니다. 하지만 신경세포가 사용하는 영양소는 주로 포도당입니다. 다시 말해 당분이나 탄수화물입니다. 뇌는 몸 안에서도 가장 중요한 조직이기에 독이 될 만한 성분이 침입하지 못하도록 엄중히 경계합니다. 단백질이나 지방마저도 뇌 속으로 숨어들 수 없습니다. 조금이라도 위험성 있는 물질은 뇌에 침입할 수 없습니다. 다시 말해 뇌가 안전하다고 고른 영양소가 바로 포도당입니다.

따라서 포도당을 보충하면 뇌의 움직임이 활발해집니다. 이전에는 이 사실을 부정하는 연구자들이 있었습니다. 하지만 저의 연구실에서 확인한 바에 의하면 포도당은 분명히 뇌를 활성화시킵니다.

휴식 시간에 커피를 마시는 사람들이 있습니다. 커피는 뇌의 활동을 높여주는 마법의 기호식품으로 여겨집니다. 그 속에 설탕을 넣으면 더 효과가 있습니다.

5

코앞의 시험만 대비하는
공부는 시간 낭비

뇌는 애매하고 엉성하다고 이야기했습니다. 그러면 개는 화면에 나타난 동그라미와 세모를 영원히 구별하지 못할까요? 물론, 그렇지 않습니다. 제대로 구별할 수 있습니다. 어떻게 하면 될까요? 답은 간단합니다. 동그라미가 표시될 때만 먹이를 주면 됩니다. 물론 처음에는 세모가 표시될 때에도 개는 단추를 누를 것입니다. 과제가 바뀌었다는 사실을 이해하지 못하기 때문에 당연합니다. 하지만 이 실패를 몇 번 되풀이하다 보면, 세모에서는 먹이를 얻을 수 없다는 사실을 이해하게 됩니다. 그러면 세모는 무시하고 동그라미가 표시될 때에만 반응합니다. 다시 말해 동그라미와 세모의 구별이 가능해집니다.

이와 비슷한 훈련을 반복하면, 동그라미와 사각형 또는 동그라미와 오각형의 구별도 가능합니다. 이것 역시 스몰 스텝입니다. 최종적으로 동그라미와 미묘하게 다른 타원의 차이도 구별할 수 있습니다. 하지만 처음부터 도형을 구별하지 못하는 개에게 갑자기 동그라미와 타원을 구별하는 훈련을 시킨다 해도, 그 차이는 계속 구별하지 못할 것입니다.

이 사실 역시 중요합니다. 요컨대 차이가 큰 것을 구별할 수 있어야 작은 차이도 구별할 수 있습니다. "공부는 도로와 같다. 가장 가까운 지름길은 대부분 가장 나쁜 길이다"라고 철학자 베이컨은 말했습니다. 시간 낭비처럼 보일 수 있지만, 동그라미와 타원의 차이를 학습시키기 위해, 먼저 동그라미와 세모의 구별을 가르치는 것이 결과적으로 더 빨리 학습시킬 수 있습니다. 뇌는 애매한 기억 방법을 사용하기 때문에 이러한 단계적 학습을 밟는 것이 필요합니다. 세세한 사물의 차이를 알게 하기 위해서는 먼저 문제를 크게 파악하고 이해하는 과정이 필수적입니다.

최적의 공부 뇌

전체부터 이해하자

이 점을 공부에도 응용할 수 있습니다. 무언가를 배울 때는 먼저 전체적인 모습을 제대로 이해해야 합니다. 처음에는 세부적인 부분까지 신경 쓰지 않아도 괜찮습니다. 세세한 부분은 나중에 조금씩 익혀도 상관없습니다. 결국 기억은 애초에 애매해, 처음에는 비슷한 것들의 구별이 불가능하기 때문입니다.

예를 들면 서양 회화에 관심 없는 사람은 어떤 유화를 봐도 비슷한 그림으로 생각할 것입니다. 르네상스 회화나 인상파 회화라는 말을 들어도, 하나도 이해하지 못할 것입니다. 하지만 관심을 가지고 회화를 들여다보기 시작하면, 점점 눈에 익어 르네상스 회화와 인상파 회화를 구별하게 됩니다. 나아가 깊이 연구하면 할수록 모네, 르누아르, 고흐 같은 인상파 화가들의 차이까지 구별할 수 있겠죠.

야구를 관람할 때도 마찬가지입니다. TV 중계를 몇 번 보고 차츰 눈에 익으면, 투수가 던진 공이 직구인지 슬라이더인지 구분할 수 있지만 야구를 잘 모르는 사람이 갑자기 직구와 슬라이더를 구분하기는 힘들죠.

특별히 뛰어난 뇌를 가지고 있어서 회화 작품을 구별하거
나 슬라이더와 직구를 구별할 수 있는 것이 아닙니다. 그에
걸맞은 노력과 훈련이 있었기 때문에 가능한 것입니다. 이
러한 세세한 구별은 큰 것부터 작은 것으로 순서에 따라 훈
련을 거듭하면 누구라도 할 수 있습니다.

공부 역시 마찬가지입니다. 예를 들어 국사를 공부한다고
생각해봅시다. 처음부터 특정한 시대의 세부적인 사항까지
파고들며 이해하려고 하면 안 됩니다. 세부적인 사항을 처
음부터 이해하기도 어렵거니와, 이해한다 해도 얕게 이해할

뿐입니다. 전체에서 떨어져 나온 파편적인 정보는 전혀 쓸모가 없습니다. 불필요한 지식은 뇌에서 금방 사라집니다.

이런 일을 피하기 위해서는, 먼저 석기시대부터 현대에 이르기까지 전체적인 모습을 내다보고, 큰 역사의 흐름을 파악해야 합니다. 그 뒤에 각 시대의 내용을 조금씩 깊이 있게 익혀야 합니다. 세세한 부분은 나중에 공부해도 상관없습니다.

이런 공부법은 절대 시간 낭비가 아닙니다. 뇌의 성질에 부합하는, 매우 효과적인 방법입니다. "큰 시야를 가진 사람에게 작은 실패는 전혀 위협으로 느껴지지 않는다"라고 19세기 영국 지도자 벤저민 디즈레일리는 말했습니다.

혹시 여러분이 의미 있는 기억을 가능한 한 오랫동안 뇌에 담아두고 싶다면, 눈앞의 정기적인 시험에만 눈을 빼앗기지 마세요. 장기적인 시각에서 자신에게 맞는 공부 계획을 세우고 공부하기를 바랍니다.

6

학습 전이 현상을
활용하라

개의 학습 실험을 통해, 뇌의 여러 가지 특성을 살펴보았습니다. 사람의 뇌의 본질이 동물의 뇌에 숨겨져 있다는 사실을 실감했나요?

마지막으로, 개의 실험 이야기를 조금 더 이어갈게요. 동그라미와 타원의 구별이 가능해진 개를 더 관찰하면, 더 재미있는 것을 발견할 수 있습니다. 동그라미와 타원의 구별이 가능해진 뒤에는 정사각형과 직사각형의 구별도 빨라집니다. 다시 말해 어떤 도형의 세세한 부분에 대해 알면, 다른 도형의 세세한 부분까지 구별할 수 있다는 말입니다.

마찬가지로 야구를 잘하는 사람은 소프트볼도 빨리 익힙니다. 또 영어를 터득한 사람은 프랑스어를 손쉽게 습득합니다. 어떤 분야의 이해 방법을 터득하면 다른 분야의 이해에도 도움이 됩니다.

공부도 마찬가지입니다. 어떤 문제의 해법을 익히면 비슷한 유형의 다른 문제도 과목을 뛰어넘어 응용이 가능해집니다. 간단히 말하면, 사물에 대한 응용력을 지니게 된 것입니다. 이것 역시 뇌가 소거법을 사용하기 때문에 가능합니다. 필요 없는 것을 삭제해가는 방법은 사물의 본질을 남기는 훌륭한 전략입니다. 그러므로 공통의 본질을 알게 되면 지식의 응용이 가능한 것입니다. 이러한 고도의 적응력은 컴퓨터에게는 굉장히 어려운 일입니다.

이런 현상에서도 뇌는 어떤 사물을 기억할 때에 대상 자체를 기억할 뿐 아니라, 동시에 대상을 향한 이해 방법도 같이 기억한다는 사실을 알 수 있습니다. 그리고 그 이해 방법을 응용하여 다른 사물들 사이에 존재하는 법칙이나 공통점을 찾아냅니다. 다른 대상을 좀 더 빠르게, 좀 더 깊이 있게 이해할 수 있도록 도와주는 것입니다.

이 점은 학습에서도 중요한 핵심입니다. 한 가지를 습득하면 다른 것을 학습하는 기반 능력을 몸에 익히게 된다니, 이 얼마나 멋지고 편리한 일인가요? 이 현상을 '학습 전이轉移'라고 부릅니다.

중요한 것은, 이런 학습 전이 효과는 학습 수준이 높으면 높을수록 더 크게 작용한다는 점입니다. 다시 말해 많은 것을 기억하고 사용하는 뇌일수록, 더 다양한 측면에서 사용 가능한 뇌로 변합니다. 사용하면 사용할수록 고장 나기 쉬운 컴퓨터와 달리, 뇌는 사용하면 사용할수록 성능이 향상되는 신기한 학습 장치입니다.

한 과목만 제대로 정복하면 나머지는 쉬워진다

어떤 과목의 한 부분을 충분히 이해하면 다른 부분도 이해하기 쉽게 변합니다. 물론 기억도 정확해집니다. 만약 고구려 시대를 제대로 이해했다고 합시다. 그러면 고려 시대의 이해도 더 쉬워질 것입니다. 갑자기 고려 시대를 이해하려고 할 때보다 소요 시간이 단축되는 효과를 볼 수 있습니다. 이렇게 다른 시대도 하나씩 정복해나가면, 최종적으로 국사 전체를 터득하게 됩니다.

그리고 국사를 충분히 이해했다면, 이번엔 세계사 습득도 쉬울 것입니다. 그리고 그 효과는 사회뿐 아니라 국어, 영어, 수학으로 번져갈 것입니다. 한 과목도 잘하지 못하는 사람이 보기에는 모든 과목에서 우수한 성적을 받는 사람이 천재로 보일 수 있습니다. 하지만 그것은 여러 과목의 학습 능력이 전이된 결과입니다. 태어날 때부터 머리가 좋은 사람이었던 것은 절대 아닙니다. 능력은 유전만으로 정해지지 않습니다.

반대로 여러분도 어느 한 과목만 정복하면, 비교적 쉽게 다른 과목의 성적을 높일 수 있습니다. 모든 과목을 균일하게 공부하여 평균적인 성적 향상을 바라는 방법보다, 한 과목을 집중적으로 공부해 숙달하는 것이 장기적 관점에서 보면 더 좋은 방법입니다.

시험이 코앞으로 다가오면 모든 과목에 힘을 쏟기 쉽습니다. 시험 전날이라면 어쩔 수 없습니다. 하지만 평상시에 공부는 한 과목에 가능한 한 많은 시간을 할애하여 그 과목을 제대로 습득할 수 있게 힘쓰길 바랍니다.

일단은 무엇이든 상관없으니 자신 있는 과목을 하나 만들기 바랍니다. 누구에게도 지지 않을 자신 있는 과목을 만들고 난 뒤, 다른 과목을 잘하기 위해 노력하는 것이 뇌 과학적 측면에서는 훨씬 더 효과적입니다.

최적의 공부 뇌

재미를 느끼며 공부하고 싶어요

어떤 공부라도 재밌다고 느끼기까지 일정한 시간과 노력이 필요한 것 같습니다. 지금 고등학교에서 배우는 공부는 대부분 자기 스스로 재밌다는 생각에서 시작한 공부가 아닙니다. 생각해보면 학교 이수 과목이라는 이유 때문에, 대학 입시 과목이라는 이유 때문에 수동적인 자세로 공부하고 있죠. 사실 시험만 끝나면 다 잊어버릴 공부 따위 무슨 의미가 있을까요. 그냥 특성화 고등학교에 가서 자신이 좋아하는 과목만 철저하게 배우는 사람이 더 이득일 것 같다는 생각을 떨칠 수 없습니다.

저는 공부하면서 한 번도 재밌다는 생각을 해본 적이 없어요. 지금 배우는 이 지식을 3년 후엔 거의, 10년이 지나면 하나도 기억하지 못하겠지요. 그렇다면 저는 1년 동안 도대체 얼마나 많은 시간을 낭비해버린 셈일까요?

그렇게 생각하면 너무 억울해요. 그래서 공부가 재밌다고 느낄 때까지 철저히 파고들어 보려고 합니다. 재밌다고 느끼는 바로 그 순간이 오셀로 게임에서 역전승하는 순간일 테니까요.

– 고2 학생

정말 멋진 고민입니다

미국 대통령이었던 링컨도 "이렇게 인간으로 태어난 이상 어떤 삶의 보람을 느낄 때 살아 있을 의무가 있다고 생각한다"라고 강력히 이야기했습니다. 기왕에 같은 시간을 들여 공부한다면, 그 노력을 헛되게 만들지 않겠다는 생각은 당연히 중요합니다.

오셀로 게임이라니 정말 재미있는 비유입니다. 현실적으로 말하면, 나중에 좋아하는 과목을 전문적으로 공부해도 힘든 국면에 많이 맞닥뜨리게 될 것입니다. 그럴 때 이렇게 노력으로 일관할 수 있는 끈기와 확신이 중요한 작용을 합니다. 앞으로도 열심히 하길 바랍니다.

참고서를 바꿨더니 성적이 올랐어요

공부를 늦게 시작했다는 생각에 조바심이 들어 느닷없이 높은 수준의 참고서를 샀습니다. 하지만 시간 낭비만 하고 조금도 발전이 없었어요. 그래서 이번엔 서점에서 책을 훌훌 넘겨보며 70% 정도 알 만한 문제들로 이루어진 문제집을 사서 2주 만에 전부 끝내버렸습니다. 그랬더니 모의고사 성적이 껑충 뛰었습니다. 문제집을 두 권이나 사서 돈이 아깝기는 하지만 다른 책 사기를 잘한 것 같습니다.

- 고3 학생

수준에 맞지 않는 참고서로 공부하는 것은 시간 낭비입니다

　자신에게 맞는 수준의 참고서를 고르는 일은 정말 중요합니다. 목표만 높게 설정하고, 어려운 문제집을 앞에 두고 괴로워하기만 하는 사람들을 가끔 봅니다. 자신감이 떨어질 뿐 아니라 시간 낭비입니다.

　어떤 상황일지라도 돈과 바꿀 수 없는 귀중한 무언가

가 있다는 인식을 하기 바랍니다. 하지만 위 경험담의 경우, 처음에 산 참고서는 나중에 자신이 그 수준에 달했을 때 사용할 수 있으므로 손해를 본 것 같지 않습니다. 어쨌든 현재 자신이 처한 상황을 잘못 판단해서는 절대로 안 됩니다.

어떤 순서로 과목을 정복해야 할까요?

한 선배가 수능까지 '현대문학 → 고전문학 → 수학 → 영어 → 과학이나 사회' 순서로 마무리하라고 가르쳐주었습니다. 선배는 현대문학과 고전은 가능한 한 빨리 시작해 고2가 끝나갈 무렵까지는 일단 수능을 칠 수준까지 끌어올리라고 합니다. 영어는 시간이 걸리니까 고1 때부터 수능 직전까지 계속 풀어야 하고요.

하지만 수학은 중간 수준 정도로 괜찮다면 전형적인 문제들의 해법만 반복하여 암기해도 되지만, 너무 어려운 문제나 본 적도 없는 비전형적인 문제가 나오면 중간 수준으로는 도저히 대처할 수 없다고 합니다. 그러니 수학은 중간 수준보다 약간 어려운 문제까지만 풀고, 그 이상의 수준은 과감히 버리고 다른 과목에서 점수를 얻으라고 했습니다.

반대로 수학에서 점수를 조금이라도 얻어야 한다면, 철저하게 공부할 필요가 있다고 합니다. 주말이나 연휴를 이용하여, 안일하게 정답을 기억하는 정도가 아니라, '이렇게 풀어도 안 되는군', '저렇게 풀어도 안 되네' 이런 식으로 충분히 시행착오를 겪으며 악전고투해야 1점이라도 더 얻을 수 있다고 합니다.

과학이나 사회는 일단 출제 경향이나 수준을 조사해 학습 범위를 좁혀간다고 합니다. 그 뒤에 인과관계나 전체적 체계, 흐름을 잡은 뒤 요점을 정리하고, 마지막 3개월은 모든 과목을 총 복습하면서 시험장으로 향하라고 합니다. 이렇게 해도 될까요?

– 고2 학생

순서를 미리 정해두는 건 고민이 필요합니다

언어에 자신이 있다면, 일단 잘하는 과목인 현대문학, 고전문학, 영어를 빨리 끝내서 입시 수준까지 올린다는 작전은 좋아 보입니다. 중요 과목을 이른 단계에서 확보하는 것은 중요합니다. 학습 전이 효과가 생겨 다른 과목 습득에 좋은 영향을 미칠 뿐 아니라 정신적으로도 안정감을 느끼게 합니다. 입시 직전까지 어느 과목도 마무리 짓지 못했다면, 초조한 마음에 공부 자체에 열중할 수 없는 악순환에 빠지고 말 것입니다.

하지만 공부할 과목의 순서를 너무 명확하게 정하는 것은 생각해볼 문제입니다. 그 이유는 한 번 입시 수준까지 끌어올린 과목이라도 그 수준을 유지하기 위한 노력이 필요하기 때문입니다. 또 다른 과목들도 뇌의 무의식 단계에서 서로 관련돼 상호 이해를 돕기 때문에, 각 과목을 완전히 따로따로 학습하는 것이 꼭 좋다고는 할 수 없습니다.

과학이나 사회처럼 암기할 내용이 많은 과목을 시험 직전까지 남겨 두는 것은 생각해볼 만한 문제입니다. 암기할 내용은 시험 직전에 공부하는 편이 분명히 효과적이기는 합니다. 하지만 그 양이 너무 많으면 역효과가 있습니다. 기억 간섭이 생기기 때문입니다. 강제로 암기하면 지식의 혼란을 일으키며, 충분히 외우지 못해 실패할 가능성이 큽니다. 이런 점을 고려해 장기적인 학습 계획을 세우기를 바랍니다.

제6장

빠르게 응용하는
공부 뇌

1

지식 기억과
경험 기억의 차이

이제 기억의 종류와 특성을 알아본 다음 최적화된 뇌 사용법을 배워봅시다. 이 책을 통해 제가 가장 강조하고 싶었던 내용이 지금부터 펼쳐지니 집중하세요. 뇌에 숨겨진 놀라운 능력을 사용하는 비법입니다.

먼저 여러분이 기억에 대해 어떤 인상을 받고 있는지 실험을 통해 확인해봅시다. 실험을 위해 자신이 과거에 겪었던 기억을 떠올려봅시다. 무엇이든 상관없으니 구체적으로 떠올려봅시다. 자, 어떤 기억이 떠올랐나요?

- 등굣길에 넘어져 다친 기억
- 학교 시험에서 좋은 점수를 받은 기억
- 친구와 한 약속을 어긴 기억
- 애인에게 차인 기억

이처럼 여러 기억이 떠올랐을 것입니다. 더 생각하면 더 많은 기억을 떠올릴 수 있습니다. 마치 자신의 기억에 끝이 없는 것처럼 말입니다. 물론 떠오른 기억의 내용은 제각각일 것입니다. 하지만 사람에 따라 각양각색의 기억이 존재한다 해도, 지금 떠오른 기억들은 중요한 공통점을 가지고 있습니다. 무엇인지 알겠나요?

그것은 모두 자신이 직접 경험한 일이나 체험한 것에 관한 기억이라는 점입니다. '뭐야, 당연한 이야기 아니야?'라고 생각했나요? 하지만 이 점은 정말 놀라운 사실입니다. 왜냐하면 여러분의 뇌에는 다른 종류의 기억이 많이 담겨 있기 때문입니다.

예를 들면 세모의 면적을 구하는 공식, 영어단어, 원주율, 집에서 학교까지 가는 길, 배우나 가수의 이름 등 여러 가지

최적의 공부 뇌

기억이 가득 담겨 있습니다. 소위 지식이나 정보라는 부류의 기억들입니다. 이것들 역시 여러분이 과거에 쌓은 훌륭한 기억들입니다.

하지만 '무엇이든 상관없으니' 떠올려보라는 말에 '원주율은 3.14이다' 등의 지식을 떠올린 사람은 없을 것입니다. 그것 역시 같은 과거 기억인데 말이죠.

다시 말해 우리가 말하는 기억은 한 종류가 아닙니다. 간단히 말하면 '자유롭게 떠올릴 수 있는 기억'과 '자유롭게 떠올릴 수 없는 기억'이 있습니다. 자, 여기서 용어를 다시 정리하고자 합니다. 자유롭게 떠올릴 수 있는 기억, 다시 말해 자신의 과거 경험과 관련된 기억을 이 책에서는 '경험 기억'이라고 부르겠습니다. 반면 무언가 계기가 없으면 떠올리기힘든 지식이나 정보와 같은 기억을 '지식 기억'이라 부르며구별하겠습니다.

경험 기억은 잊어버리기 어렵다

여러분은 분명 무엇인가를 까맣게 잊어버린 적이 있을 것입니다. 대부분 사람이나 물건의 이름을 잊어버릴 때가 많을 것입니다. 이것은 지식 기억입니다. 조금 전 실험을 통해 알 수 있었던 것처럼 지식 기억은 자유자재로 떠올릴 수 없습니다. 생각해내기 위해서는 계기가 필요합니다. 계기가 부족하면 떠올리지 못합니다. 까맣게 잊어버리는 현상은 치매의 시작이 아닙니다. 단순히 지식 기억이기 때문에 떠올리지 못하는 것뿐입니다.

아쉽게도 시험을 위해 외워야 하는 기억은 대부분 지식 기억입니다. 화학 기호나 영어단어, 유명인의 이름 등 이 모든 것은 지식 기억입니다. 지식 기억은 계기가 충분하지 못하면 기억해낼 수 없습니다. 그러므로 시험을 치다가 당황하게 되는 것입니다.

자, 지금까지의 이야기를 통해 시험 공부를 어떻게 하면 좋을지 눈치 채셨을 것입니다. 맞습니다. 외워야 하는 것들을 지식 기억이 아닌 경험 기억으로 외우면 좋습니다. 경험 기억은 자유자재로 떠올릴 수 있을 뿐만 아니라 외우는 것 자체가 쉽습니다. 자신과 관련된 일화는 쉽게 외울 수 있으니까요. 그리고 무엇보다 좋은 점은 잊어버리기 어렵다는 사실입니다. 지식은 금방 떠올리기 힘들지만, 경험한 일은

최적의 공부 뇌

두고두고 비교적 오래 기억합니다. 지식 기억에 비해 경험 기억이 훨씬 많은 장점을 가지고 있습니다. 그렇다면 지식을 어떻게 경험 기억으로 외울 수 있을까요? 다음 글에서 알아봅시다.

사랑에 빠진 뇌

연애를 시작하자마자 성적이 떨어진 친구를 본 적 있나요? 그 친구의 성적이 떨어진 이유는 연애 때문일까요? 아니면 단순하게 본인의 노력이 부족했기 때문일까요? 성적과 사랑의 관계는 가장 많이 받는 질문 중 하나입니다. 하지만 여러분은 왜 사랑이라는 감정이 애초에 뇌에 내재해 있는지 생각해본 적 있나요?

사랑이란 특정한 이성에게 마음이 끌리는 감정입니다. 사랑을 하면 다른 이성들의 존재는 눈에 들어오지 않습니다. 이런 현상은 주로 자신이 우수하다고 판단하는 사람의 유전자를 남기고 싶은 의지의 표현이라고 해석하지만 다른 시각으로도 해석이 가능합니다.

세계에는 현재 35억 명 이상의 이성이 존재합니다. 그 모든 이성을 만나는 것은 불가능하므로, 세계에서 나와 가장 잘 어울리는 단 한 사람의 인간을 고르는 것은 불가능합니다. 다시 말해, 사람은 모두 어느 정도 납득할 만한 상대를 찾아 그 상대로 만족해야 하는 운명에 처했습니다. 자신과 더 잘 어울릴 만한 사람이 이 세상 어딘가에 있을지 모르지만, 근처에 있는 사람으로 만족해야 합니다.

이 불합리한 상황을 멋지게 해결하는 것이 연애 감정입니다. '나는 이 사람 이외에 다른 사람은 생각할 수 없어', '이 사람이야말로 나의 모든 것이야'라고 뇌가 착각을 불러일으킴으로써 만족감을 얻는 것입니다. 실제로 연애 감정이 식으면 '왜 내가 이런 사람을 좋아했을까?' 하고 스스로를 탓하는 사람도 있습니다.

연애 감정은 A10과 전두엽의 연계로 생겨납니다. 이 연계가 일어나면 뇌가 연애 대상에게 점령당하고 맙니다. 좋아하는 사람 이외의 것은 뇌에서 배제되죠. 당연히 학교 공부도 마찬가지입니다.

독일의 시인 로가우는 "사랑에 빠지면 지혜가 사라진다"라고 했습니다. 연애란 그 상대 이외의 것을 생각하지 않아도 되도록 뇌가 꾸미는 대단한 속임수입니다. 그러므로 연애 때문에 성적이 떨어졌다면, 뇌 과학적 측면에서는 이상한 일이 아닙니다.

물론 사랑하는 사람과 같은 대학에 들어가기 위해 서로 격려하며 열심히 공부해, 처음에는 불가능해 보이던 명문 대학에 멋지게 합격한 훈훈한 이야기도 드물지만 실제로 존재합니다. 그러므로 모든 경우에서 사랑이 공부에 악영향을 끼친다고 단언할 수는 없습니다.

2

뇌에 도로를 깔아서
지식을 연결하라

같은 참고서를 몇 번이나 반복해서 본 사람은 시험 도중에 '아, 이 내용은 몇 장 몇 쪽에 그림으로 설명했던 내용이잖아!' 하며 내용을 떠올린다고 합니다. 여러분도 그런 경험을 해본 적이 있나요? 때로는 참고서와 전혀 상관없는 일을 계기로 기억을 떠올리기도 합니다. 예를 들면 공부하던 중에 먹던 과자 봉지가 떠올라 '맞아, 그때 그 과자를 먹으면서 외운 것이지!' 하며 기억을 떠올리는 사람도 있습니다.

이러한 기억 방법은 그저 우연히 일어난 것으로 보이지만, 실은 경험 기억을 이용한 현명한 방법입니다. 다시 말해

최적의 공부 뇌

단순한 지식 기억도 개인적인 감정이나 주위 환경과 연관시켜 외우면 경험 기억에 가까워진다는 말입니다. 이처럼 외우고 싶은 내용을 다른 내용과 연결 짓는 행위를 '연합'이라고 부릅니다.

면밀한 도로망으로 지식을 연결하라

지식을 '집'에 비유해봅시다. 집과 집 사이에 도로를 만들어 연결하면 지식의 '마을'이 생기겠죠? 이런 방식으로 기억과 사물을 차례로 연결 지어 지식을 더 풍부한 내용으로 변화시킵니다. 정밀한 도로를 통해 집에서 마을로, 마을에서 도시로 이어나가는 것이죠. 지식의 도시화 계획이라고 생각해도 좋습니다.

여기서 한 가지 중요한 사실은 사물을 잘 연합하면 그만큼 기억을 떠올리기 쉽다는 것입니다. 기억을 떠올리는 행위는 '지식의 도시'에 사는 시민이 친구가 사는 집(떠올리고자 하는 지식)을 방문하러 가는 행위와 비슷합니다. 도로가 잘 발달해 있으면 목적지로 향하는 길이 쉽겠죠? 다시 말해 '연합'은 기억을 떠올리기 쉽게 바꾸는 과정입니다.

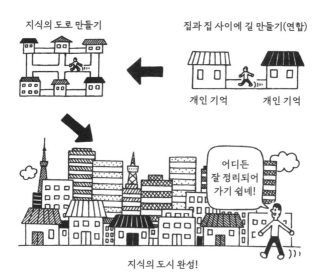

지식의 도로 만들기

집과 집 사이에 길 만들기(연합)

개인 기억   개인 기억

어디든 잘 정리되어 가기 쉽네!

지식의 도시 완성!

지식 기억과 경험 기억의 차이가 바로 여기에 있습니다. 마치 시골 마을과 대도시처럼 다릅니다. 인구가 얼마 없는 지역이라 도로가 발달하지 않은, 혹은 도로가 있어도 비포장도로만 있는 곳이라면 목적지까지 가는 데 힘이 들 것입니다. 이것이 지식 기억을 떠올리기 어려운 원인 중 하나입니다.

경험 기억은 많은 기억의 조합(면밀한 도로망)으로 만들어져 있습니다. 예를 들면 '오늘 아침에 달걀부침을 먹었다'라는 단순한 경험 기억마저도 달걀부침의 맛, 냄새, 색, 당시

최적의 공부 뇌

식탁 위에 있던 물건들, 앉아 있던 의자의 감각, 식탁에 둘러앉은 가족과 나눈 이야기 등 수많은 요소가 포함되어 하나의 기억을 이룹니다. 마치 정보의 대도시와 같습니다. 그러니 쉽게 떠올리는 것은 당연합니다.

그러니 하나를 기억할 때에도 가능한 한 많은 것을 연합시키는 쪽이 더 좋습니다. 더 많이 연합시킬수록 떠올리기 쉽게 변합니다. 우연한 계기를 통해 떠올리게 된다 해도 생각날 확률이 높다는 사실은 변하지 않습니다. 예를 들어, 영어단어를 외울 때도 단어를 통째로 외우는 것이 아니라, 예문·용법을 함께 외우는 것이 훨씬 더 유용한 방법입니다. 가능하다면 어원을 함께 외우는 것도 좋습니다.

말장난을 하며 외우는 것도 좋습니다. 말장난은 말장난일 뿐이라고 단정 짓는 사람도 있지만 뇌 과학적 측면에서는 효율성이 높은, 다시 말해 뇌에 부담을 줄이는 암기법입니다. 그러므로 당당하게 말장난을 사용하여 암기하기 바랍니다. 사람의 눈을 의식하느라 말장난을 무시한다면, 편하고 효율적으로 암기할 기회를 놓치고 마는 셈입니다.

상상이라는 행위는 해마를 강렬하게 자극합니다. 상상은

하면 할수록 훨씬 더 기억에 쉽게 남습니다. 더 쉽게 상상력을 발휘하기 위해서는 역시 말장난을 스스로 만드는 것이 가장 좋습니다. 직접 만들면 그 자체로 경험 기억에 남고, 말장난이 의미하는 상황도 자연스럽게 상상됩니다.

물론 말장난을 사용하지 않는 기억 역시 연합의 중요성이 똑같이 적용됩니다. 하지만 그 경우에는 단순히 지식이나 정보만의 연합에 힘쓰는 것보다, 그곳에 가능한 한 여러분 자신의 상상력을 발휘하여 지식을 더 풍부하게 만든 후 연합한다면 경험 기억에 더 가까워질 것입니다.

그럼 지금부터 경험 기억을 만드는 방법을 더 자세히 알아봅시다.

최적의 공부 뇌

3

외운 것을 입으로
내뱉어야 한다

가장 간단하게 경험 기억을 만드는 방법은 바로 기억하고
자 하는 내용을 친구나 가족에게 설명하는 것입니다. 일단
기억을 한번 출력하면 나중에 기억을 다시 떠올릴 때 단서
가 될 만한 말들이 결합이 됩니다. '내가 그때 친구에게 이렇
게 설명했었지', '이런 그림을 그리면서 친구에게 가르쳐줬
지'라는 모습으로 경험 기억이 자리 잡는 거죠. 그것이 계기
가 되어 다음에는 더 간단하게 떠올릴 수 있습니다.

TV나 잡지에서 본 내용을 바로 다른 사람에게 말하고 싶
어 하는 사람이 있습니다. 때로는 뭐든 다 아는 체하며 잘난

척하는 사람도 있습니다. 주변 사람들은 귀찮을 수 있지만, 실은 그렇게 몇 번이나 다른 사람들에게 말하는 사이에 그 지식은 확실히 자신의 것이 됩니다. 상식을 많이 아는 사람은 거의 예외 없이 수다쟁이입니다. 다른 사람에게 내용을 전달함으로써 많은 상식을 익히는 것입니다.

물론 상식뿐 아니라 공부를 통해 얻은 내용도 반복하여 친구나 부모님께 설명해보세요. 그렇게 하면 배운 지 얼마 지나지 않은 지식도 점점 뇌에 스며듭니다. 제2장에서 설명한 것처럼 뇌는 입력보다 출력을 중요시하기 때문입니다. 설명은 최상의 출력 전략입니다.

설명의 장점은 이것뿐만이 아닙니다. 자신이 제대로 이해하고 있는지 확인하는 기회입니다. 자신이 제대로 이해하고 있지 않다면, 다른 사람에게 설명할 수 없습니다. 다른 사람에게 설명해보면 자신이 정말로 이해하고 있는지, 어디까지 제대로 이해하고 있으며, 어디부터 제대로 이해하지 못하는 지를 확인할 수 있습니다.

내용을 잘 아는 사람보다 내용을 모르는 사람에게 설명하는 것이 더 효과적입니다. 할아버지, 할머니, 형제, 후배 등

등 생각해보면 설명할 대상은 주위에 많습니다. 혹시 타인에게 설명하는 것이 부끄럽다면 인형에게 설명하는 것도 좋은 방법입니다.

경험 기억법의 단점

경험 기억법이 만능처럼 보이지만 아쉽게도 결점이 있습니다. 그것은 경험 기억도 차츰 지식 기억으로 대체된다는 점입니다. 그대로 내버려두면 겨우 자리 잡은 경험 기억도 차츰차츰 줄어들어 결국은 지식 기억으로 변해버립니다. 아무리 큰 대도시라 할지라도 계속 도로를 사용하지 않으면 서서히 쇠퇴해 결국 시골처럼 변할 것이고, 도시에 인구가 점점 줄어든다면 결국 폐허로 변할 것입니다.

잘 생각해보면 모든 지식은 처음에 어떠한 경험을 통해 모였을 것입니다. 그러나 시간이 지나면서 경험 기억은 순수한 지식 기억으로 변합니다. 단순한 질문에도 쉽게 답을 떠올리기 어려운 상태가 되는 것입니다.

물론 그 기억은 뇌 안에 존재하고 있습니다. 하지만 지식 기억이므로 계기가 충분하지 않으면 떠올릴 수 없습니다.

'떠올리지 못하는 기억'은 기억으로서의 가치가 없습니다. 뇌 안에 있으나 떠올리지 못하는 기억이든, 처음부터 기억하지 못한 것이든 시험 점수 측면에서는 똑같으니까요.

아무리 훌륭한 도시라도 오랫동안 도로를 사용하지 않고 내버려두면 잡초가 자라 결국 쓸모없이 변해버립니다. 그러므로 잊어버려서는 안 되는 중요한 지식은 때때로 사람들에게 설명해주면서 경험 기억으로 계속 단련시키는 노력을 기울이세요.

4

시각 기억보다
청각 기억이 힘이 세다

　지식을 다른 사람에게 설명하는 것은 지식 기억을 경험 기억으로 만드는 최상의 지름길이라고 했습니다. 설명이 뇌에 좋은 이유는 이뿐만이 아닙니다. 우리가 목소리를 내어 누군가에게 설명을 함으로써, 뇌는 귀를 통해 또 한 번 학습하게 되기 때문입니다.

　일반적으로 귀를 사용한 학습은 눈을 사용한 학습보다 효율이 높습니다. 예를 들면 다른 사람으로부터 상처가 되는 말을 들으면 오랜 기간 마음에 남습니다. 그 이유는 뇌의 진화 과정에 있습니다. 시각이 고도로 발달한 것은 동물의 진화 과정에서는 비교적 최근의 일입니다. 실제로 쥐나 개, 고양이 같은 포유류의 시각은 사람에 비해 좋지 않다고 알려져 있습니다. 하지만 청각은 더 잘 발달돼 있어 먼 곳의 작은 소리도 들을 수 있습니다. 다시 말해 긴 진화 과정에서 포유류는 눈보다 귀를 더 잘 활용하며 살아왔다고 할 수 있습니다.

앞서 말한 것처럼, 뇌는 동물의 진화 과정에서 조금씩 발달해 지금의 뇌에 도달한 것입니다. 사람의 뇌는 일상생활을 주로 시각에 의존하도록 변했지만, 아직도 원시적인 동물의 습성이 진하게 남아 있습니다. 이것은 귀의 기억에도 해당됩니다. 진화의 역사가 긴 만큼 귀의 기억은 마음에 잘 남습니다.

아주 어렸을 때 배운 노래인데, 아직까지도 선명히 기억나는 노래가 있을 것입니다. 〈떴다 떴다 비행기〉 같은 노래는 멜로디만 흘러나오면 가사는 저절로 생각날 것입니다. 가사는 단순한 지식 기억임에도 이렇게 간단히 떠올릴 수 있습니다. 그러나 멜로디 없이 가사만 떠올려보려고 하면 쉽지 않을 것입니다. 이것이 청각 기억의 마술입니다.

최적의 공부 뇌

무언가를 외울 때도 마찬가지입니다. 어떤 노래 가사를 시각적 자료만 가지고, 문자를 보면서 암기하려면 꽤 많은 시간이 걸릴 것입니다. 하지만 실제로 노래를 부르며 멜로디와 리듬과 함께 외우면 의외로 간단하게 외울 수 있을 것입니다.

모든 감각을 활용해 공부하라

귀를 사용한 암기법이 얼마나 유용한지 이해했나요? 여러분도 공부할 때에 시각에만 의존할 것이 아니라 청각을 사용하도록 하세요. 물론 눈과 귀만 활용하면 된다는 말은 아닙니다. 인간의 몸에는 더 많은 감각기관이 존재합니다. 그것들을 가능한 한 많이 사용하는 것이 좋습니다. 공부할 때에는 꼭 손을 움직여 필기하거나, 소리 내어 몇 번이고 말하면서 외우세요.

한 예로, 한자 기억 실험에서 손을 움직이지 못하게 고정하고 시험을 치자 점수가 낮아진 것을 확인했습니다. 이러한 사실을 보면 기억이 신체와 밀접한 관련이 있음을 알 수 있습니다. 손, 눈, 귀 등 오감을 최대한 활용해 해마를 최대한으로 자극하면서 기억하는 길만이 공부의 지름길입니다.

빨간 셀로판지로 빨간색 글자를 가리면서 암기하는 용어집을 사용하는 사람들이 있습니다. 이 공부법은 그저 보기만 하는, 다시 말해 시각 기억에만 의존하는 학습이 되기 쉽습니다. 그러니 이런 방법은 시험 직전에 요점을 재확인할 때만 사용하세요.

최적의 공부 뇌

호문쿨루스

뇌는 사용하면 할수록 성능이 좋아지는 신기한 장치입니다. 그러므로 가능하다면 일상에서 뇌를 계속 사용하는 것이 좋습니다. 그렇다고 무턱대고 사용하기보다는 효율적인 단련법을 활용하면 좋습니다.

아래에 기묘한 인간 그림이 있습니다. 몸의 각 부분을 제어하는 신경세포가 뇌에 어떤 비율로 존재하는지를 나타낸 모습으로, '호문쿨루스Homunculus'라고 부릅니다. 호문쿨루스는 손가락이나 혀는 크지만 팔이나 다리, 몸은 말라깽이에 불과합니다. 이것은 사람의 뇌가 손가락이나 혀에 대해 매우 민감하게 반응한다는 사실을 알려줍니다.

· 호문쿨루스 ·

실제로 사람의 손끝은 고양이 수염만큼 민감합니다. 즉 뇌를 자극하려면 손끝을 사용하는 것이 효과적입니다. 그러므로 공부할 때 눈으로 보면서 외우는 것뿐 아니라, 손으로 쓰면서 외우는 것이 중

요합니다. 등굣길에 할 일 없는 손으로 손가락 체조를 하거나, 취미로 재봉이나 악기 연주를 하는 등 뇌를 자극하는 방법들은 매우 다양합니다.

뇌를 너무 많이 사용하면 지치지 않을까 걱정하는 분들이 있지만, 실제로 뇌는 지치지 않습니다. 혹시 공부 중에 피로를 느낀다면 뇌가 아닌 눈이나 어깨 등 신체의 피로일 것입니다. 뇌는 밤낮으로 쉬지 않고 계속 활동해도 지치지 않도록 만들어졌습니다. 그도 그럴 것이 뇌가 쉬어버리면 호흡마저 할 수 없으니까요. 뇌는 강인한 녀석입니다. 평생 계속 움직여도 상관없도록 설계됐습니다. 그러므로 여러분도 거리낌 없이 뇌를 계속 자극하기 바랍니다.

하지만 눈의 피로는 머리, 목, 어깨 그리고 허리까지 이어지므로 빨리 풀어줘야 합니다. 미국 지압연구소 가쿠 박사에 의하면, 눈의 피로 회복에는 눈 안쪽 움푹한 곳을 양손 엄지손가락으로 밀어 올리듯 누르면 효과적이라고 합니다. 눈을 감고 눈 위에 40도 온도의 찜질팩을 올려 15초간 눈을 따뜻하게 해주는 것도 효과적입니다. 또한 비타민B, C류가 부족하면 쉽게 눈이 피로할 수 있으니 영양 균형에도 유의하기 바랍니다.

5

무의식에 박혀 있는
원시적인 기억

    지금까지 지식 기억과 경험 기억, 이 두 가지에 관해 설명했습니다. 하지만 여러분의 뇌 속에 있는 기억의 종류가 이 두 가지뿐일까요? 물론 그럴 리 없습니다. 다른 중요한 기억이 하나 더 있습니다. 바로 자전거 타는 법, 옷 입는 법 등 어떤 일의 순서나 방법에 관한 기억입니다.

    방법에 대한 기억이라고 하니 이상한가요? 하지만 우리가 자전거 타는 법을 알고 있다면, 그건 누군가에게 배워서 습득한 지식입니다. 갓 태어난 아이는 자전거 타는 법을 모르는 것이 당연하니까요. 다시 말해 자전거 타는 법을 배웠기 때문에 기억하고 있는 것입니다. 이런 부류의 기억을 지금부터 '방법 기억'이라고 부르겠습니다.

알기 쉽게 말하면 지식 기억과 경험 기억은 머리로 외우는 기억이며, 방법 기억은 몸으로 외우는 기억입니다. 물론 몸이 외우는 것은 아니며 뇌가 외우는 기억입니다. 운동선수는 "근육이 기억한다"라는 표현을 자주 사용하지만, 이것은 비유에 불과합니다. 근육에는 기억력이 없으니까요.

지식 기억과 경험 기억을 'What is'로 설명한다면 방법 기억은 'How to' 기억입니다. 지식 기억이나 경험 기억은 말로 타인에게 설명할 수 있지만, 방법 기억은 말로는 설명하기 힘들거나, 전혀 설명할 수 없는 부류의 기억입니다. 예를 들면 실용서나 교재로 아무리 스키 타는 법을 공부해도, 실제로 스키를 타고 연습하지 않으면 타지 못하는 것과 같습니다. 방법 기억은 실천으로 익히는 것입니다.

방법 기억의 특징

방법 기억에는 중요한 두 가지 특징이 있습니다. 첫 번째는 무의식중에 만들어진 기억이라는 것입니다. 스키 타는

최적의 공부 뇌

법은 몇 번 타면 자연스럽게 익히게 됩니다. 그렇기 때문에 "몸으로 익힌다"라고 말하는 것입니다.

두 번째는 잊어버리기 힘든 끈질긴 기억이라는 점입니다. 예를 들면 자전거 타는 법이나 트럼프 게임의 규칙 등은 수년간 하지 않아도 필요할 때에 자연스럽게 떠올릴 수 있습니다. 심지어 기억이 너무나 선명하게 남아 있으므로, 자기만의 방식으로 운동을 하다가 안 좋은 버릇이 생겨버린 경우, 나중에 올바른 자세로 교정하기 위해 아무리 노력해도 바꾸기가 쉽지 않습니다.

자, 이로써 기억 3형제가 모두 모였습니다. 장남 방법 기억, 차남 지식 기억, 막내 경험 기억입니다. 실은 이 3형제는 평등한 위치에 있지 않습니다. 상하관계에 있습니다.

다음 도표에서 표현한 것처럼, 아래층에 방법 기억, 중간층에 지식 기억, 위층에 경험 기억이 존재합니다. 저는 이 그림을 '기억 3형제 피라미드 구조'라고 부릅니다. 아래로 내려갈수록 원시적이며 생명 유지 측면에서 더 중요한 의미를 지닙니다. 위로 올라갈수록 고도로 발전한 풍부한 내용을 지닌 기억으로 변합니다.

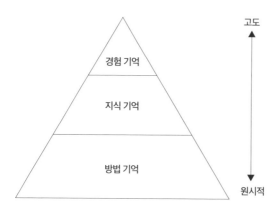

경험 기억

지식 기억

방법 기억

고도

원시적

원시적일수록 방법 기억이 잘 발달되었다

이 피라미드는 동물의 진화 과정에도 적용됩니다. 원시적인 동물일수록 방법 기억이 잘 발달하여 있습니다. 반대로 고등 동물일수록 위 단계의 기억이 발달했습니다. 사람은 다른 동물보다 피라미드 꼭대기에 있는 경험 기억 능력이 뛰어납니다. 경험 기억은 사람에게만 있는 종류의 기억이라고 하는 연구자도 있을 정도입니다.

이 피라미드는 사람의 성장 과정에도 응용할 수 있습니다. 어린아이에서 어른으로 성장하면서 가장 빨리 발달하는 것은 원시적인 방법 기억이며, 다음으로 지식 기억, 마지막으로 발달하는 것이 경험 기억입니다.

　우리는 태어나서 3~4살까지의 기억이 거의 없습니다. 갓 태어났을 때는 경험 기억이 아직 발달하지 않았기 때문에 자신과 관련된 이야기는 기억에 남아 있지 않은 것입니다. 하지만 방법 기억은 태어나자마자 발달하기 때문에 엉금엉금 기거나 아장아장 걷는 등 '몸으로 익힌 방법'이 몸에 배게 됩니다. 그리고 조금 더 성장하여 지식 기억이 발달하면 말을 할 수 있게 됩니다. 하지만 경험 기억은 성장 과정 속에서 상당히 늦게 발달하기 때문에, 어린 시절 언제 어디서 무엇을 했는지에 관한 기억은 잘 남아 있지 않습니다.

　실제로 중학생까지는 지식 기억이 더 잘 발달되는 시기로, 그 나이를 지나면 경험 기억이 우세합니다. 예를 들면, 초등학교에서는 10살이 되기 전에 구구단을 외우게 합니다. 지식 기억이 잘 발달하는 이 시기를 노려 암기시키려는 교육방침에 따른 것입니다. 이 시기의 아이들은 어려운 논리와 같은 공부가 아니라 문자의 나열이나 그림, 음악에 관해 절대적인 기억력을 발휘합니다. 만화나 게임 캐릭터를 통째로 외우는 초등학생을 보면 신기할 따름이죠. 이러한 능력은 2차 성징을 맞는 중학생 때에 쇠퇴하며, 차츰 경험 기억을 중시하는 뇌로 변화합니다. 이처럼 나이에 따라 잘 발달된 기억의 종류가 다르다면, 나이에 따른 공부법도 달라야겠죠?

최적의 공부 뇌

6

공부법을 바꿔야 하는
시기가 있다

앞서 기억의 종류와 나이에 따른 발달 시기를 설명했습니다. 공부를 할 때 나이에 맞은 공부법을 적용하는 것은 매우 중요합니다. 예를 들어 중3 초반에는 지식 기억 능력이 아직 우세하기 때문에 시험 범위를 통째로 암기하여 시험을 보는, 즉 무턱대고 달달 외우는 작전이 성공했을 것입니다. 하지만 고등학교 입시 공부를 시작할 무렵부터는 경험 기억이 조금씩 우세해지기 때문에, 이전처럼 무모한 암기 작전은 결국 통하지 않게 됩니다.

그런데도 자신의 뇌에서 일어나는 중대한 변화를 깨닫지

못하고, 언제까지나 과거의 영광에 의지하며 같은 공부법을 고수한다면, 자신의 능력에 한계를 느낄 것입니다. 그러면서 "옛날에는 잘 외웠었는데 왜 이러지?" 하며 기억력이 떨어진 탓을 합니다. 하지만 그것은 기억력이 저하된 것이 아니라 단순히 발달된 기억의 종류가 바뀐 것뿐입니다. 이 사실을 빨리 깨닫지 못하면, 수업 진도를 따라가지 못하고 결국 낙오될 위험이 큽니다.

실제로 초등학교 시절에는 공부를 잘했는데, 중·고등학생이 된 후 성적이 급격히 떨어지는 학생들이 있습니다. 나이에 따른 변화에 맞춰 공부법을 바꾸지 못한 것이 원인일 수 있습니다. 나이에 따른 기억 특성을 잘 이해하고, 그에 알맞은 대응책을 세워야 합니다. 이와 반대로 중·고등학생이 된 뒤 갑자기 성적이 오르는 학생들이 있습니다. 이런 학생들은 본인의 능력 변화를 빨리 깨닫고 더 나은 공부법을 선택했을 것입니다.

중학생이 되면 경험 기억이 발달한다

중·고등학생이 되면 무턱대고 암기하는 능력보다 사물을

잘 이해하고 그 구조를 보는 능력이 발달합니다. 바로 경험 기억이 발달하는 것이죠. 그러므로 당연히 공부법도 그에 합당한 작전을 생각해야 할 필요가 있습니다. 통째로 암기해서는 안 됩니다. 고등학생이 되면 그런 식으로 외우는 암기법은 효과적이지 않습니다.

만약 지금까지 통째로 암기하여 좋은 결과를 얻었다 해도, 애초에 그러한 암기법에는 중대한 결점이 있습니다. 지식을 통째로 암기하면, 외운 범위에 한정해서만 그 지식만 사용할 수 있습니다. 대응할 수 있는 범위가 정해져 있는 것입니다.

반면에 사물의 논리와 구조를 이해하면서 외우면 같은 논리와 구조를 적용할 수 있는 모든 상황에서 그 기억을 사용할 수 있습니다. 이론에 근거한 기억은 응용 범위가 넓습니다. 예를 들면 통째로 외운 것과 분량이 같아도 이론적인 암기를 한 경우는 훨씬 더 넓은 범위에서 유리하게 쓸 수 있습니다.

그러므로 중학생이 되고 나면, 한시라도 빨리 지식 기억에 의존한 공부법을 버려야 합니다. "뒤로 미루는 것은 시간을 훔치는 것이다"라고 시인 에드워드 영은 말했습니다. 언제까지나 과거의 영광을 바라기만 한다면, 미래에 비참한 결과가 기다리고 있을 겁니다.

최적의 공부 뇌

7

천재적인 문제 해결력은
방법 기억이 만든다

 방법 기억은 '마법의 기억'이라고도 불릴 만큼 매우 심오한 기억입니다. 그러므로 방법 기억을 제대로 이해하고, 잘 이용만 한다면 여러분의 성적에 마법 같은 일이 일어날 것입니다.

 앞서 학습 전이에 대해 설명했습니다. 어떤 분야를 깊이 연구하면 다른 분야의 지식도 간단히 습득하게 되는 현상을 말합니다. 실은 이것 역시 방법 기억에 의한 상호연관 작용의 결과입니다. 어떤 분야든 한 부분을 습득하기 위해서는 그와 관련된 지식뿐 아니라 그것을 이해하는 방법을 알아야 합니다. 이해하는 방법, 그것이 바로 방법 기억입니다. 요컨대 어떤 분야의 지식을 습득하기 위해서는 그 분야의 지식뿐 아니라 방법 기억까지 자연스럽게 습득해야 한다는 말입니다. 이 방법 기억이 기초로 존재하기 때문에 다른 분야를 쉽게 이해할 수 있습니다.

예를 들면, 야구를 잘하는 사람은 투구 폼이나 규칙(다시 말해 방법 기억)을 이미 습득하고 있어서, 그 지식을 응용하면 소프트볼을 쉽게 배울 수 있는 이치와 같습니다. 또한, 피아노를 잘 치는 사람은 다른 악기의 연주법도 조금 더 쉽게 배울 수 있을 것입니다.

여기서 중요한 것은 지식이나 정보의 기억은 '의식하여' 학습해야 하지만, 부수적인 이해 방법은 '무의식중에' 기억된다는 것입니다.

장기 명인은 어떻게 경기를 기억할까?

여러분의 의지와는 상관없이 방법 기억은 멋대로 작동합니다. 그러므로 방법 기억은 생각지도 못한 곳에서 부지불식간에 절대적인 위력을 발휘하고 있습니다. 장기나 체스

명인은 시합이 끝난 뒤 대국 장면을 완전히 재현합니다. 그뿐 아니라 과거 프로들의 기보를 수십 국씩 기억하는 사람도 있습니다. 장기 초보가 보면 장기 기사들은 정말 천재적인 기억력을 가지고 있는 것처럼 보입니다. 하지만 이 또한 방법 기억 덕분입니다.

기사들은 자신들이 직접 한 시합이기 때문에 그것을 지식 기억이 아닌 경험 기억으로 외웠다고 합니다. 분명히 그 말도 맞지만, 명인들은 자신의 경험과 상관없는 다른 사람들의 경기까지도 경기 기록을 보기만 하면 쉽게 모든 기보를 외울 수 있습니다. 지식 기억만으로 이렇게 하려면 초인적인 기억력이 있어야 가능합니다.

지식 기억으로 외운다면 "이 칸에 '졸'이 있었고, 옆 칸에 '상'이 있었고, 여기에 '차'가……"라는 식으로 일일이 힙겹게 외워야 합니다. 이처럼 지식 기억만으로 모든 내용을 외우는 것은 어떤 명인도 불가능합니다. 다시 말해 명인은 지식 기억·경험 기억뿐 아니라 방법 기억을 구사해 기보를 외우는 것입니다. 대국 중에 나온 형세를 모형화해 기억하는 것입니다. 무의식중에 기보를 분류·해석하여 법칙성을 간파

하는 것입니다.

그 증거로 대국에서 절대 나올 수 없는 형세(예를 들면 저 같은 초보가 '말'을 적당히 늘어놓은 형세)를 보면, 명인이라도 전혀 기억하지 못합니다. 지금까지 경험을 통해 쌓아온 방법 기억을 쓸 수 없기 때문입니다. 이런 상황에서는 명인의 경이적인 기억력도 초보와 다를 바 없게 변합니다.

이처럼 얼핏 보기에 천재적으로 보이는 능력은 대부분 방법 기억을 근원으로 합니다. 천재를 만드는 비결은 결국 방법 기억에 있습니다. 이것이 '마법의 기억'이라고 불리는 이유입니다.

수학을 잘하는 사람은 시험 중에 문제 푸는 방법이 머릿속에 떠오른다고 합니다. 하지만 그저 우연히 방법이 떠오른 것이라면, 좋은 성적을 꾸준히 유지할 수 없을 것입니다. 문제 내용을 제대로 이해하고, 문제를 유형화해야 문제 푸는 방법을 바로바로 떠올릴 수 있습니다. 경이적인 수학 문제 해결력도 그 근원에는 꼭 튼튼한 방법 기억이 있게 마련입니다.

방법 기억은 얼마나 많은 문제와 씨름하였는가가 관건입

니다. 공부도 하지 않고 편하게 살아온 사람이 어느 날 갑자기 문제 푸는 방법을 깨닫지는 않습니다.

8

방법 기억 하나가
모든 문제를 푼다

저는 이렇게 기억과 관련된 책을 쓰고 있지만 구구단을 거의 외우지 못합니다. 정말입니다. 실제로 지금까지 외우고 있는 것은 '2×2=4', '2×3=6', '2×4=8' 세 가지뿐입니다. "왜 구구단을 못 외우나요?"라는 질문을 자주 받는데 이유는 간단합니다. 단순히 학생 때에 공부를 싫어했기 때문입니다. 물론 성적은 언제나 하위권이었습니다.

하지만 현재 저는 구구단을 외우지 않아도 아무런 지장이 없습니다. 실제로 저는 고등학교 때에도 학원에 다니지 않고 독학으로 입시 공부를 하여 한 번에 도쿄대 이과1류에 합격했습니다. 도쿄대에 입학한 후에도 뒤처지지 않고 약학부에 1등으로 진급하였으며, 도쿄대 대학원에 수석 입학했습니다.

저처럼 구구단도 외우지 못하는 인간이 어떻게 구구단을 제대로 외우는 인간보다 뛰어난 성적을 얻을 수 있었을까요? 그 비결을 전수하고자 합니다. 왜냐하면 이 방법은 누구나 가능하기 때문입니다. 그 비결은 바로 방법 기억입니다. 다시 말해 저는 구구단을 외우지 않는 대신 '구구단을 계산하는 방법'을 습득했습니다.

예를 들면 '6×8'의 경우를 생각해 봅시다. 구구단으로 '6×8'을 어떻게 발음하는지 모르지만, 그런 지식 기억을 꺼낼 필요도 없이 저는 이렇게 답을 순식간에 떠올립니다. 또는

$$
\begin{array}{r}
60 \\
-\,12 \\
\hline
48
\end{array}
$$

$$
\begin{array}{r}
40 \\
+\;8 \\
\hline
48
\end{array}
$$

이렇게도 답을 도출합니다. 이 계산이 어떻게 생겨났는지 알겠나요? 제 머릿속에는 숫자를 '10배 곱하는 것', '2배 곱하는 것', '반으로 나누는 것'이라는 세 가지 방법이 있습니다. 이 세 가지 방법만 기억하고 있으면 모든 구구단의 답을 끌어낼 수 있습니다. 게다가 순식간에 말입니다. 이 세 가지 방법은 '곱하기 10', '곱하기 2', '나누기 2'와는 전혀 다른 개념입니다. 저는 곱셈이나 나눗셈은 잘 못합니다. 제가 할 수 있는 것은 숫자를 2배로 만들거나 절반으로 만들거나 숫자 뒤에 0을 붙이는 단순한 작업뿐입니다.

이 방법을 사용하면 '6×8'은

$$6 \times 8$$
$$= 6 \times (10-2)$$
$$= 6 \times 10 - 6 \times 2$$
$$= 60 - 12$$
$$= 48$$

또는

$$6\times8$$

$$= (5+1)\times8$$

$$= (10\div2+1)\times8$$

$$= 10\times8\div2+1\times8$$

$$= 10\times4+8$$

$$= 40+8$$

$$= 48$$

이런 식으로 계산이 가능합니다. 방법 기억이란 말하자면 사물의 본질적 요소를 추출하여 외우는 행위를 말합니다. 방법 기억을 활용하면 구구단 81개를 일일이 암기할 필요가 없습니다. 겨우 세 가지 법칙을 외워서 사용하면 되는 것입니다. 그 세 가지 법칙만으로 구구단을 외우는 것과 비슷한 속도로 정답을 끌어낼 수 있습니다. 방법 기억은 적은 힘을 들여 높은 효과를 거두는 좋은 방법입니다.

이 세 가지 법칙을 사용하면 '23×16' 같은 두 자릿수 곱셈도 이렇게 계산할 수 있습니다.

$$23×16$$

$$= 23×(10+6)$$

$$= 23×(10+10÷2+1)$$

$$= 23×10+23×10÷2+23$$

$$= 230+115+23$$

$$= 368$$

이처럼 구구단과 같은 속도로 답을 계산할 수 있습니다. 구구단을 통째로 외운 사람보다 계산 속도가 빠를 수도 있습니다.

방법 기억을 이용해야 손해 보지 않는다

이제 이해하였나요? 달달 외운 구구단, 다시 말해 지식 기억은 그 범위 안에서만 활용이 가능하지만, 방법 기억을 사용하면 같은 이론을 기초로 한 모든 계산에 응용할 수 있습니다.

방법 기억은 '부풀어 오르는' 기억입니다. 그러므로 무언가를 통째로 외우는 것보다 적은 기억량으로 가능합니다.

최적의 공부 뇌

게다가 잘 잊어버리지 않는 강한 기억입니다. 방법 기억을 이용하지 않는 사람은 분명히 손해를 보고 있는 것입니다.

예를 들면 저는 학생 시절에 수학이나 이과 공식을 거의 외우지 않았습니다. 공식은 시험을 보면서 깨닫는 것이었습니다. 여러분이 보기에는 왜 미리 외우지 않고 고생스럽게 공부했는지 의아하게 여길 수 있겠지만, 공식을 외울 시간이 있다면 그 시간에 다른 공부를 하고 싶었기 때문입니다.

실제로 공식 자체(지식 기억)보다 공식에 이르는 방법(방법 기억)을 외우는 쪽이 그 공식을 '응용하는 능력'을 몸에 더 잘 익힐 수 있습니다. 왜냐하면 공식의 원리를 이해하기 때문입니다.

일반적으로 이론을 이해하지 못한 채 공식만 달달 외운 사람은 공식을 사용하여 문제를 푸는 능력이 떨어진다고 합니다. 그러한 경우는 애써 모은 지식도 허사로 돌아가고 맙니다. 어떤 지식도 기초 이론을 이해하며 외우는 것이 가장 중요합니다.

이것은 이과 이외의 과목에도 적용됩니다. 사회도 국어도 영어도 마찬가지입니다. 역사적 사실이나 세계 여러 나라의 경제 상황, 시대 배경이나 인물들의 생각을 이해하면, 많은 현상이 근본적으로 이어져 있음을 깨닫게 됩니다. 지식을 통째로 외우는 공부법은 되도록 줄이고, 지식의 배경이론을 이해하는 쪽으로 공부의 비율을 높이기 바랍니다.

무조건 많이 외우기만 하는 공부는 아무런 의미가 없습니다. 기억한 양 자체는 아무런 의미가 없습니다. 그런 공부로 만족하기보다 외운 지식을 얼마나 활용할 수 있을지 생각하며 응용 가능한 방법을 기억하는 것이 훨씬 중요합니다. 적은 기억량으로 큰 효과를 내는 공부법으로 바꾸어야 합니다.

천재는 요령 좋게 기억하는 사람이다

천재는 방법 기억이 만듭니다. 하지만 천재들은 실제로는 천재도 무엇도 아닌 방법 기억을 사용하여 '요령 좋게 기억하는 사람'에 불과합니다. 각각의 신경세포 성능은 모든 사람의 뇌가 똑같습니다. 좀 더 말하자면 사람도 쥐도 벌레조차도 거의 차이가 없습니다. 결국 모든 것은 사용법, 다시 말해 방법 기억에 달려 있습니다.

그러므로 지식 기억에 시간을 낭비하는 행위는 가급적 피하고, 방법 기억을 획득하기 위해 노력하기 바랍니다. 분명히 자신의 숨은 능력에 깜짝 놀랄 것입니다. 대부분의 사람이 현재 발휘하는 능력은 실제 능력에 100분의 1에 불과하기 때문입니다.

9

성적은 반드시
이 단계로 오른다

마지막으로 마법의 기억인 방법 기억에 관해 조금 더 설명하고자 합니다. 사람은 어떻게 천재가 되는가에 관한 궁극적인 문제와 관련해 알려드릴게요. 먼저 이 책에서 공부한 것을 복습부터 해봅시다. 지금 A라는 지식을 외웠습니다. 이때 동시에 A라는 지식을 이해하는 방법도 뇌에 보존되었습니다. 다시 말해 A를 외우는 것만으로, 'A'와 'A를 외우는 방법' 두 가지 정보를 취득했습니다.

새롭게 B라는 지식을 외웠다면, 먼저 A의 '방법 기억'이 무의식중에 B의 이해를 도와 더 간단하게 B를 습득할 수 있게 합니다. 이것은 학습 전이라고 부르는 효과입니다. 당연한 사실이지만 이때 동시에 B의 방법 기억도 자동으로 보존됩니다.

하지만 뇌에서 일어나는 현상은 그것뿐이 아닙니다. 사실 뒤에 외운 B에 대한 방법 기억이 벌써 습득한 A의 이해를 더욱 보완하는 작용을 합니다. 다시 말해 A와 B, 두 가지 사물을 외우면 'A', 'B', 'A가 본 B', 'B가 본 A'처럼 지식과 '지식 사이의 연합'이라는 전부 네 가지 효과가 일어납니다. 뇌에 보존되는 지식은 겨우 두 가지뿐이지만 연합 효과로 네 가지 정보가 생기게 됩니다. 2의 2제곱입니다.

• 기억의 상호작용 •

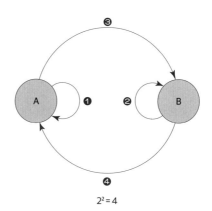

$$2^2 = 4$$

이처럼 차례로 새로운 사물을 외우면 그 효과는 지수적으로 증가합니다. 다시 말해 공부량과 성적의 관계는 단순한 비례 관계가 아니라, 지수적으로 급경사 곡선을 그리며 상승하는 것입니다. 만약 여러분의 성적이 지금 1인 시작점에 있다고 합시다. 그리고 공부의 목표 성적을 1,000이라고 정합니다.

• 성적이 확 오르는 시기 •

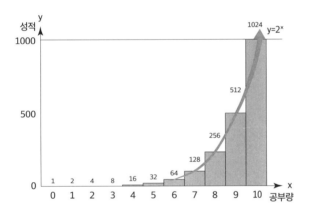

자, 여러분은 지금부터 열심히 공부합니다. 그 덕에 수준이 높아져 성적이 2가 됩니다. 더욱 공부를 열심히 해 한 단계 더 수준이 높아져 이번에는 성적이 4가 되었습니다. 이렇게 노력을 거듭하면 성적은 8, 16, 32로 효과가 누적됩니

최적의 공부 뇌

다. 하지만 뒤를 돌아보면, 이렇게까지 노력을 기울였음에도 현재의 성적은 아직 32에 불과합니다. 목표인 1,000과 비교하면 시작점에서 그리 많이 발전하지 않은 듯합니다.

아마도 대부분은 이 시점에서 '이렇게 열심히 공부했는데 왜 성적이 오르지 않지?', '나는 역시 재능이 없구나' 하며 고민에 빠집니다. 그리고 1,000의 성적을 가진 주위 사람을 보면서 '정말 못 당하겠군', '저런 사람을 천재라고 하겠지'라고 느낄 것입니다. 이 시점에서 자신의 부족한 재능에 실망하며 공부를 포기하는 사람도 적지 않을 것입니다.

하지만 그것은 재능이 없어서가 아닙니다. 인내심을 갖고 공부를 계속하면 그 후에 성적은 64, 128, 256, 512… 이렇게 순식간에 상승할 것이기 때문입니다. 실은 이처럼 피나는 노력을 기울여야만 비로소 공부의 효과가 눈에 띄게 나타납니다. 이것이 공부와 성적 간의 관계입니다. 아쉽게도 공부의 성과는 바로 나타나지 않습니다. 실력은 어느 순간에 갑자기 폭발적으로 증가합니다.

비로소, 천재의 탄생

실제로 그 경지에 도달한 사람이라면, 조금만 더 노력하면 성적이 1,024가 되어 목표였던 1,000에 도달합니다. 학습 레벨이 5일 때 32(2^5)였는데, 레벨 10이 되니 갑자기 1,024(2^{10})에 도달한 것입니다. 나아가 조금만 더 노력하면 성적을 2,048로 발전시킬 가능성도 열립니다. 이 정도 속도로 학습 레벨 20까지 도달하면 '2^{20}=1,048,576'이기 때문에 무려 100만을 넘게 됩니다. 그리고 성적 100만에 도달한 사람은, 큰 노력을 기울여 겨우 32에 도달한 사람의 관점에서는 대단한 천재로 보일 것입니다. 이것이 '공부 상승효과'의 실체입니다.

이렇게 생각하면 재미있는 사실을 깨닫게 됩니다. 그것은 천재 사이에도 지식의 차이가 대단히 크다는 사실입니다. 예를 들면 1,024와 2,048은 2^{10}과 2^{11}이기 때문에 등급으로 따지면 한 단계밖에 차이가 나지 않습니다. 하지만 그 성적의 차이는 성적 32에서 허우적거리는 사람이 보기에는 측량할 길이 없을 정도로 큰 차이입니다. 분명히 천재들은 천재들만의 고민을 안고 있음이 분명합니다.

공부를 계속하다 보면, 눈앞의 안개가 갑자기 없어지는 듯이 시야가 열리고 '아 알았다!'라고 느끼는 순간이 있을 것입니다. 이러한 현상은 바로 공부와 성적의 관계가 지수적인 관계에 있다는 것을 보여줍니다. "폭풍과 구름이 없다면 무지개도 없다"라는 작가 빈센트의 말은 공부의 핵심을 꿰뚫어봅니다. 피나는 노력을 계속해야만 열매를 맺을 수 있습니다.

'계속적인 노력'만이 가장 중요하고 소중한 공부의 마음가짐입니다. 좀처럼 좋은 결과를 얻지 못한다 하더라도 금방 포기하지 마세요. 물론 주위의 천재들을 보고 낙담할 필요도 없습니다. 그들과 자신의 능력을 단순하게 비교하는 행위는 무의미합니다. 노력과 성적은 비례 관계에 있는 것이 아니라 등비급수적 관계에 있기 때문입니다.

지금은 실력에 차이가 있지만, 계속 노력하면 분명 성과가 나타납니다. '폭풍전야', '갑작스러운 폭발'과 같은 성장 유형이 바로 뇌의 성질입니다. 가령 효과가 눈에 보이지 않더라도 사용하면 사용한 만큼 착실히 기초 능력이 쌓이고 있을 것입니다.

여름에 시작했다면 겨울까지는 기다려라

현실적인 이야기를 하자면 공부를 시작하고 나서 효과가 나타나기까지는 아무리 빨라야 3개월 이상의 시간이 걸립니다. 예를 들어 여름방학 전에 마음을 다잡아, 친구들이 놀 때 방학 내내 열심히 공부한 학생이 있습니다. 그리고 방학이 끝나고 9월에 시험을 보았죠. 그 학생은 이만큼 공부했으니 분명히 확실한 결과가 나타날 것이라고 기대할 것입니다. 하지만 점수는 여름방학 전과 비슷할 것입니다. 크게 실망하고 의욕도 사라질 수 있습니다.

하지만 이 책을 통해 뇌의 성질을 배운 여러분이라면, 겨우 두 달 만에 효과를 기대하는 것이 이상하다고 생각하겠죠? 그리고 더욱더 노력할 것입니다. 여름방학에 한 공부 효과가 나타나는 시점은 빨라야 가을 이후라고 생각하기 바랍니다.

충분한 공부 효과를 경험하고 싶다면, 역시 최종 목표에서 1년 이상 앞선 시점에 공부를 시작해야 합니다. 장기적 계획성이 중요합니다. 그리고 변함없이 노력해야 합니다. 바로 효과를 얻지 못했다고 좌절해서는 안 됩니다. 공부가 힘들어질 때면 '뇌의 기능은 등비급수적'이라는 사실을 기억하며 자신을 격려하기 바랍니다. 언젠가 분명히 효과가 나타날 것이므로 조금만 더 힘을 냅시다!

저는 참고서를 이렇게 골라요

제가 참고서를 고를 때에 유심히 살펴보는 부분을 말씀드리겠습니다. 주로 그림이 많은 것을 삽니다. 그리고 제목과 소제목이 크고 확실하게 쓰여 있는 책일수록 머릿속에 정리하기가 쉽습니다. 줄 바꿈이 많은 책도 좋습니다.

그리고 내용을 주의 깊이 살피면서 이유나 인과관계에 대한 설명 없이 그저 '이곳이 시험에 자주 나오니 외워라'라는 식의 책은 사지 않습니다. 마지막으로 서문을 읽어보고, 정말 하고자 하는 의욕이 생기면 아무리 비싸도 그 책을 삽니다.

- 고1 학생

참고서의 첫인상은 중요합니다

참고서 선택에서 첫인상은 정말 중요합니다. 개인에 따라 다르지만, 그림이 많은 것 역시 중요 포인트가 될 수 있습니다. 일반적으로 그림은 이해를 도울 뿐 아니라 그림을 뇌에 장착시키는 측면에서도 큰 도움이 됩니다. 문자로 가득한 책을 공부할 때에 무뎌질 수 있는 상상력을 도와주기 때문입니다.

그림을 더 유용하게 활용하기 위해서는, 왼쪽 시야에 그림이 배치된 책을 고르는 것이 중요합니다. 사람은 왼쪽에 있는 것을 더욱더 잘 기억하기 때문입니다. 아마 우뇌 때문일 것입니다. 반대로 읽거나 듣는 것, 다시 말해 말에 관련된 것들은 오른쪽 귀로 입력시켜 좌뇌에 들어가게 하면 훨씬 더 잘 기억할 수 있을 것입니다. 그러한 부분까지 충족시키는 참고서라면 더욱 좋을 것입니다.

그리고 참고서는 제목이 제대로 정리되어 있는지를 확인해야 합니다. 순서대로 분류되어 있는 것이 더 이해하기 쉽고, 다 외운 뒤에도 목차의 단어들을 통해 떠올리기 쉬우며, 이용하기 쉬운 지식으로 변할 것입니다. 근거나 인과관계를 명시하지 않고 결과만 기술한 참고서는 참고서라고 부를 수 없습니다. 요점만 정리한 책은 시험 직전 확인용으로만 사용합시다.

기억에 길게 남는 독서법 추천합니다

두꺼운 책을 읽을 때, 중요하다고 생각되는 부분에 밑줄을 긋거나 형광펜으로 표시를 하는 사람이 많습니다. 저도 그렇습니다. 그리고 저는 표지 뒤쪽에 'p23 기억을 만드는 것은 해마'라든가 'p35 지식 기억에서 경험 기억으로'처럼 자신이 정리한 요점을 순서대로 씁니다. 마치 개가 처음 지나가는 길에다 영역 표시를 하는 것과 같다고 할까요.

책을 절반 정도 읽어 내려가다 보면 이야기가 복잡해지거나, 첫 부분에 쓰여 있는 내용을 잊어버리기 시작해 더는 읽기가 힘들어집니다. 그럴 때 표지 뒷면에 써놓은 내용을 위에서부터 읽습니다. 그러면 이야기의 흐름이 보이며, 다음 내용을 읽기 편해집니다.

전부 다 읽고 난 다음에 인용하거나 필요한 곳만 골라 읽을 때도 편리합니다. 부디 한 번 시험해보시기 바랍니다. 하지만 도서관에서 빌린 책에는 하지 마세요.

– 고2 학생

정보의 지도를 잘 만들고 있네요

　예로부터 전해 내려오는 독서법을 정말로 잘 활용한 방법입니다. 스스로 개발한 방법인가요? 책의 중요 단어를 빼내는 작업은 뇌 안에 정보의 지도를 만드는 작업이기 때문에 내용 습득 면에서 아주 좋은 방법입니다.

　이 방법을 실천하면 자신이 책의 내용을 제대로 이해하고 있는지 혹은 애매한 부분은 없는지 확인할 수 있습니다. 일종의 복습법인 셈입니다. '읽다'를 영락없이 '눈'만의 작업이라 생각하기 쉽지만 '손'을 사용하여 출력하면서 읽어 내려가다니, 좋은 발상의 전환입니다.

전 이해보다는 무조건 암기가 편해요

영어단어를 어원으로 외우면 더 오래 기억에 남고, 모르는 단어도 뜻을 예상할 수 있으므로 일석이조라고 하는데, 저는 영어단어는 이론만 내세우기보다 닥치는 대로 달달 외우는 방법이 낫다고 생각합니다. 하지만 이렇게 공부하니 영어 문장의 뜻은 아는데 영작은 할 수 없습니다.

예를 들면 일전에도 'abandon'은 '버리다'라고 외웠는데, '쓰레기를 버리다'를 작문하기 위해 'abandon'을 사용했더니 틀렸더라고요. 대학에 가면 모르는 단어가 더 많이 나올 테고 영어로 과제까지 써야 한다고 들어서 너무 혼란스럽습니다.

– 고3 학생

지식은 결국 유기적인 결합이 필요합니다

통째로 암기해 정말 확실하게 암기할 수 있다면 상관없겠지만, 일반적으로 그런 암기법은 응용할 수 없으므로 주의해야 합니다. 왜냐하면, 축적된 지식은 신경 연결망 안에서 '유기적인 결합'을 가져야만 하기 때문입니다.

통째로 암기한 기억은 마치 도로가 없는 시골 마을과 비슷합니다. 게다가 통째로 암기한 기억은 변질되기 쉬워 실수의 원인이 되며, 무엇보다 빠르게 잊어버린다는 단점이 있습니다.

실제로 영어단어 자체는 대단한 의미를 지니고 있지 않습니다. 문장이나 회화 속에서 사용되면서 비로소 고유의 의미를 발휘합니다. 영어단어를 외워도 작문에 활용하기 어려운 이유는 바로 이 때문이죠. 영어는 단어뿐 아니라 문법, 다시 말해 이론도 중요합니다. 전후 관계나 문맥에 의해 단어에 의미가 부여되기 때문입니다.

어원도 넓은 의미에서 보면 이론입니다. 단어의 구조를 알면 처음 보는 단어도 그 의미를 상상할 수 있습니다. 학생은 이미 풍부한 단어 지식을 가지고 있으니 이제는 그 지식을 활용하기 위해 노력해보세요. 이미 뇌 속에 축적한 지식을 서로 관련짓고, 풍부한 지식으로 바꾸어 가는 것입니다. 어원을 외우고, 나아가 문법도 익힌다면 영어를 가장 잘하는 과목으로 만들 수 있을 것입니다.

애쓴 것은 미래에 분명히 남습니다

이 책을 끝까지 읽은 독자라면, 뇌를 이해하고 효율적인 공부법을 발견할 수 있었으리라고 생각합니다. '아, 이렇게 공부해야 하구나!' 하고 느낀 독자도 있을 것이고, 이유는 모르지만 괜찮다고 생각했던 공부법이 과학적으로 근거가 있었다는 사실을 깨닫고 '지금까지 해온 공부법이 틀리지 않았어!'라며 더 자신감이 붙은 독자도 있을 것입니다.

혹은 '참신한 내용은 아무것도 없었다'라며 실망할 수도 있죠. 그래도 좋습니다. 기발한 방법이 꼭 훌륭한 방법은 아닙니다. 오히려 옛날부터 전해 내려오는 상식이 더 올바른 방법입니다. 선인들의 피나는 노력과 시행착오 끝에 얻은 실험 결과이기 때문입니다. 이 책을 통해 제가 진정으로 시도해보고 싶었던 것은 기기묘묘한 새로운 공부법을 제안하여 독자를 놀라게 하려는 것이 아닙니다. 오히려 과거 위인들의 경험을 현대 뇌 과학의 관점에서 재해석하고 싶었던 것입니다. 어떤 반응이든 이 책을 통해 무언가를 느낄 수 있었다면 저로서는 대성공입니다.

학생 여러분은 하루하루가 공부의 연속일 것입니다. 공부 자체가 생활의 중심이라고 해도 과언은 아닐 테죠. 그런 상황에서 문득 궁금증이 생기지 않았나요?

'이런 공부가 미래에 무슨 도움이 될까?'

어려운 문법이나 미적분 등을 배운다 한들, 이 공부가 인생에서 정말 큰 의미가 있을까? 이 지식으로 실생활이 과연 얼마나 바뀔까? 사업이나 출세를 위해 활용할 수 있을까? 이러한 의문을 품었다 해도 이상할 것은 없습니다.

실제로 저 자신도 일상생활에서 미적분은 물론이고 연립

방정식조차 사용해본 적이 없습니다. 연립방정식 따위는 몰라도 생활하는 데 아무런 지장이 없습니다. 그러면 왜 공부를 꼭 해야 할까요?

세상에는 시험이라는 제도가 있으므로 공부는 어쩔 수 없이 꼭 해야만 한다고 자신을 이해시키는 사람도 있을지 모릅니다. 대학은 인원 제한이 있습니다. 그러므로 어떠한 기준을 세우고 학생을 선별해야만 합니다. 그것을 위한 판단 기준 중 하나로 성적을 사용해온 것입니다. 그러므로 공부는 학생에게 피할 수 없는 숙명과도 같습니다. 하지만 과연 그것뿐일까요?

이 책을 읽은 여러분이라면 이런 생각이 얼마나 좁은 시야에서 비롯된 생각에 불과한지 알 것입니다. 우리는 학교 공부를 통해 '지식 기억'뿐만이 아니라, '방법 기억'도 배웁니다. 방법 기억은 천재적인 능력을 만들어주는 마법의 기억입니다. 사물의 통찰력을 키워주며, 종합적 이해력, 판단력, 응용력을 높여줍니다. 센스, 노련함, 직관력 같은 것들의 토대가 되는 것입니다.

학교에서 배우는 지식 기억은 사회에 나와서 쓸모없게 변하는 것이 많을지 모릅니다. 하지만 학교 공부를 통해 배운 방법 기억은 여러분의 인생 속 여러 국면에서 큰 도움을 줄 것입니다. 인생을 풍요롭게 해주는 마르지 않는 샘물이 될 것입니다.

물론 방법 기억은 학교 공부 외에서도 습득할 수 있습니다. 하지만 초등학생 때부터 고등학생에 이르는 일련의 학교 교육과정은 상당히 잘 설계되어 있습니다. 이런 계획은 하루아침에 완성된 것이 아닙니다. 긴 역사 속에서 흔들리며 오랜 기간 공들여 만들어진 것입니다. 그러므로 방법 기억 측면에서 봐도, 게임이나 놀이를 통해 단편적으로 배우는 것보다 학교 공부를 통해 배우는 것이 훨씬 더 효과적입니다.

자전거 타는 법을 배울 때도 몇 번이나 연습을 반복해야 했다는 것을 기억해보세요. 방법 기억 습득에서 빼놓을 수 없는 중요한 것은 반복적인 노력, 굴하지 않는 끈기입니다. 그 대신 노력과 끈기를 가지고 임하면 능력은 기하급수적으로 상승합니다. 이런 효과는 누구의 뇌든 관계없이 가능합니다. 우수한 뇌를 가진 사람에게만 일어나는 효과가 아님니다. 애초에 가능한 사람과 불가능한 사람의 차이는 공부할 때에 약간의 의욕 차이일 뿐이라고 믿습니다.

동물의 뇌를 조사해보면 재미있는 사실을 발견할 수 있습니다. 예를 들면 쥐의 수염에 대한 뇌 반응을 봅시다. 수염에 무엇인가가 닿은 순간의 신경 활동을 기록하는 것입니다. 실험을 시작하면 쥐가 그저 가만히 있을 때와, 적극적으로 수염을 움직여 무언가를 만지려 할 때가 있습니다. 그때 뇌의 반응은 전혀 다릅니다.

스스로 정보를 찾기 시작한 때에는, 수동적으로 정보를 얻을 때보다 10배 이상 강하게 신경세포가 활성화됩니다.

같은 것을 수염으로 만졌음에도 말입니다. 다시 말해 뇌는 적극적으로 얻은 정보를 중요시합니다. 마지못해 공부하면 뇌의 효과는 10분의 1로 줄어들고 만다니, 정말 시간이 아깝지 않나요?

적극적으로 공부를 계속하면 뇌에게 배신당하지는 않을 것입니다. 잃을 확률이 있는 도박과 달리 성과가 약속된 것입니다. 마음이 든든하지 않나요? 공부하면 할수록 이 말이 사실임을 실감하게 될 것입니다.

저는 학창 시절에 많은 시간을 공부에 할애했습니다. 하지만 그럼에도 지금 '더 공부했으면 좋았을 텐데' 하고 적잖이 후회합니다. 여러분도 미래에 저처럼 후회하지 않으려면 최선을 다해 공부를 해보세요.

공부에서 중요한 것은 공부하고자 하는 의욕, 그리고 공부법입니다. 효율적인 공부법을 통해 성과를 올리고, 시간이 남으면 다른 일에 사용합시다. 취미, 자기계발, 데이트, 뭐든지 상관없습니다. 시간을 효율적으로 사용해 지금이 아니면 할 수 없는, 아름다운 경험을 쌓아가기를 진심으로 바랍니다.

"다른 사람이 무엇을 하든지 신경 쓰지 마라.
더 나은 당신이 되기 위해 노력하고
매일 당신의 기록을 깨트려라."

윌리엄 보엣커

옮긴이 하현성
일본어 전문 번역가로 한·일 문화교류와 출판문화 창달을 위해 일하고 있다. 일본 유학 후 다년간 영상 번역에 매진해왔으며, 국제적 비영리단체에서 한·일 통역사 등으로 활동하고 있다.

평범한 뇌도 탁월하게 만드는 두뇌 개조 프로젝트

최적의 공부 뇌

초판 1쇄 발행 2023년 6월 28일
초판 4쇄 발행 2023년 7월 31일

지은이 이케가야 유지 **옮긴이** 하현성
펴낸이 김선준

편집본부장 서선행
책임편집 이주영 **편집1팀** 임나리, 배윤주 **디자인** 엄재선, 김예은
마케팅팀 권두리, 이진규, 신동빈
홍보팀 한보라, 이은정, 유채원, 유준상, 권희, 박지훈
경영지원 송현주, 권송이
표지 일러스트 요리후지 분페이(Cover Illustration by YORIFUJI Bunpei)
본문 일러스트 나카무라 타카시(Interior Illustration by NAKAMURA Takashi)

펴낸곳 ㈜콘텐츠그룹 포레스트 **출판등록** 2021년 4월 16일 제2021-000079호
주소 서울시 영등포구 여의대로 108 파크원타워1 28층
전화 02)332-5855 **팩스** 070)4170-4865
홈페이지 www.forestbooks.co.kr
종이 ㈜월드페이퍼 **출력·인쇄·후가공·제본** 더블비

ISBN 979-11-92625-57-7 (03370)

㈜콘텐츠그룹 포레스트는 독자 여러분의 책에 관한 아이디어와 원고 투고를 기다리고 있습니다. 책 출간을 원하시는 분은 이메일 writer@forestbooks.co.kr로 간단한 개요와 취지, 연락처 등을 보내주세요. '독자의 꿈이 이뤄지는 숲, 포레스트'에서 작가의 꿈을 이루세요.